AF452349

R. LAINVILLE

L'Épargne Collective

CONTRIBUTION A L'ÉTUDE DES PERSONNES MORALES

LES PRESSES UNIVERSITAIRES DE FRANCE
49, BOULEVARD SAINT-MICHEL, 49
PARIS

CHAPITRE PREMIER

L'ÉPARGNE INDIVIDUELLE ET L'ÉPARGNE COLLECTIVE

On peut distinguer deux modes de formation de l'épargne, suivant qu'elle provient d'un patrimoine individuel ou d'un patrimoine collectif. L'épargne individuelle est le fait d'un particulier qui économise sur ses revenus ou sur le produit de son travail. C'est en ce sens que l'on entend généralement l'épargne, dont l'importance n'est plus à démontrer et qui est à la base de l'activité économique du monde. Mais les hommes n'agissent pas seulement d'une manière isolée; ils se réunissent aussi et mettent en commun leur argent ou leur activité. Ces groupements, comme les particuliers, peuvent économiser une partie des revenus qui proviennent de leur patrimoine. Cette façon de faire constitue ce que nous appelons l'épargne collective. Pour préciser notre pensée, disons que l'épargne collective est celle qui est pratiquée par une collectivité sur ses revenus propres et sans faire appel au patrimoine individuel d'aucun des membres qui la composent. Reconnaissons, du reste, que cette épargne repose sur l'effort individuel et que le patrimoine de la société a, le plus souvent, son origine dans les économies particulières des sociétaires ou de tiers auxquels elle doit faire appel au moment de sa création. Mais s'il en est ainsi dans les tout premiers débuts, il n'en reste pas moins que, par la suite, les sommes mises en réserve sont bien le fait de la collectivité. Trop souvent, elles auraient été gaspillées ou dépensées sans nécessité si elles avaient été laissées à la disposition des individualités qui composent le groupement. Quand il en est ainsi, l'épargne résulte bien de l'activité collective et non d'un effort individuel. La décision d'une assemblée générale ou celle d'un comité directeur est nécessaire pour la réaliser.

De ce que l'épargne est pratiquée par une collectivité, découlent certaines conséquences qui la différencient des méthodes d'économie en usage chez les particuliers.

Les collectivités dotées d'un patrimoine, les personnes morales, pour employer l'expression juridique, que ce soient des sociétés, des syndicats ou des administrations, possèdent une caractéristique qui fait défaut aux êtres physiques : la durée. Certaines, les fondations et les administrations publiques par exemple, n'ont pas de limite imposée à leur activité. Elles tendent à la perpétuité. La plupart des autres, bien que bornées dans le temps, ont une existence plus longue que celle des individus (1). D'ailleurs, les collectivités qui arrivent à expiration ont, le plus souvent, la faculté de se continuer d'une manière indirecte en reconstituant une nouvelle personne morale semblable à la première. C'est une différence considérable avec les personnes physiques dont la vie est trop brève pour permettre à l'épargne de produire tous ses effets. Aussi un romancier connu, M. Wells, voulant montrer les conséquences de l'accumulation d'énormes capitaux dans une seule main, en a-t-il été réduit à forger l'hypothèse d'un homme en état de catalepsie qui vit, en dormant, pendant deux cents ans, sans boire ni manger... Ce moyen de faire fortune n'est pas à la portée de tout le monde. En fait, les patrimoines individuels sont soumis, après la

---

(1) La durée des sociétés anonymes doit être déterminée par les statuts. Dans le silence du texte, la société est censée avoir une durée illimitée. Le droit de cession des actions tient lieu de la faculté de dénonciation prévue par l'art. 1869 du Code civil en faveur du sociétaire dont l'engagement n'est pas limité.

Si les statuts sont muets, les associations régies par la loi de 1901 sont considérées comme ayant une durée illimitée, sauf si leur but doit être atteint dans un temps déterminé.

(Houpin : **Traité des sociétés**, tome II, p. 161, et tome I, p. 33.)

mort de leur détenteur, aux vicissitudes et aux partages de l'ordre successoral.

Tel n'est pas le cas pour les personnes morales lorsqu'elles sont créées en vue d'une longue durée (1).

Sans parler des dons et legs qui sont faits en leur faveur, il leur est possible d'augmenter le patrimoine social par des prélèvements réguliers et continus sur leurs revenus, prélèvements qui, incorporés au capital, deviennent à leur tour productifs d'intérêts et ainsi de suite. A condition que les capitaux produisent un revenu suffisamment rémunérateur et que la capitalisation soit continuée pendant un laps de temps considérable, la puissance de l'intérêt composé aboutit à des résultats surprenants.

Pour parvenir à cette ampleur, l'épargne ne requiert pas seulement une certaine pérennité chez son auteur; il faut aussi que celui-ci ait suffisamment d'esprit de suite pour respecter la règle d'économie qu'il s'est imposée. Là encore, les collectivités paraissent présenter une supériorité sur les individus.

La liberté des personnes physiques, tout au moins en ce qui concerne l'épargne, est généralement peu restreinte par la loi ou par les obligations contractuelles. Le législateur intervient bien parfois, comme pour les retraites des ouvriers ou pour celles des fonctionnaires, en vue d'obliger un particulier à se constituer certaines ressources dans l'avenir (2).

---

(1) Cette sorte de permanence des sociétés était constatée en ces termes, à la Chambre des Députés, par le rapporteur du projet de loi sur les mines, qui est devenu la loi du 9 septembre 1919 : « Ce que nous désirons avant tout, disait-il, c'est d'avoir un concessionnaire qui possède la pérennité nécessaire pour faire, d'une part, une bonne exploitation et, d'autre part, pour ne pas jeter l'Etat dans des complications inutiles et dangereuses. Si le concessionnaire est un particulier, la mort de ce dernier obligera l'Etat à entrer dans toutes les complications que peut présenter sa succession... »

(J. O., 13 décembre 1918. — Débats Chambre.)

(2) Il faut d'ailleurs remarquer que la loi du 5 avril 1910 sur les retraites ouvrières et paysannes comporte une part considérable d'épargne collective dans la mesure où elle prescrit la capitalisation, par la Caisse des dépôts ou une société de secours mutuels, des versements effectués par les patrons et ouvriers.

Mais ce sont là des cas tout à fait exceptionnels et qui ne pourraient être exagérément développés, car on ne peut impunément exiger des particuliers qu'ils économisent sur leur salaire ou sur leur traitement. Un prélèvement exagéré amènerait un ralentissement dans la production et dans le rendement du travail individuel (1). D'autre part, un particulier peut bien, de lui-même, s'obliger par contrat à verser périodiquement certaines sommes à une société dans le but de se constituer un capital ou un revenu. Mais, la plupart du temps, l'intéressé peut reprendre sa liberté s'il consent à perdre tout ou partie des bénéfices escomptés.

Il en est différemment des personnes morales. Celles-ci ne sont pas libres de diriger leur activité comme bon leur semble. Les sociétaires sont astreints à respecter les règles qui constituent le pacte social et cette obligation se transmet à leurs successeurs. Alors que l'individu n'engage que lui seul, la personne morale engage toute une collectivité. Ne pouvant se mouvoir que dans le cadre de sa constitution, elle est enserrée dans des liens étroits et ses dirigeants ne peuvent en sortir. Si des dispositions favorables à l'épargne ont été insérées dans les statuts, ces dispositions sont *obligatoires* pour les sociétaires présents et futurs. Ainsi donc, alors que rien ne peut contraindre un particulier qui a décidé de se constituer un capital par voie d'économies successives à continuer ses versements, une collectivité peut s'obliger elle-même à épargner dans des conditions telles qu'à moins de modifier sa constitution, elle est en quelque sorte tenue d'arrondir sans cesse le capital initial.

Autre différence... Avec l'épargne individuelle, tout épargnant doit fournir un nouvel effort pécuniaire et « sortir de l'argent de sa poche » à chaque placement qu'il effectue. L'épargne collective, elle, ne fait pas constamment appel à

---

(1) Ainsi que nous le verrons par la suite, la méthode collective d'épargne ne restreint en aucune façon la rémunération qui échoit aux travailleurs. Le prélèvement opéré au profit du fonds de capitalisation vient seulement en déduction des bénéfices qui seraient alloués au capital dans une entreprise ordinaire.

Pour les coopératives, voir chapitres II et III.

la bourse du bénéficiaire. Le patrimoine social étant entièrement distinct du patrimoine individuel de chacun des membres, les réserves grossissent par prélèvement sur les revenus sociaux sans intervention des particuliers intéressés. Sans doute, ainsi que nous l'avons vu, aura-t-il été nécessaire qu'à un moment donné, une masse commune ait été constituée par les sociétaires eux-mêmes, sur leurs propres économies, ou par quelque généreux bienfaiteur. Mais cet élan une fois donné, la machine à capitaliser continue sa marche sans imposer de restriction apparente à ceux qui en bénéficient. Il y a seulement pour eux, et d'une manière temporaire, *manque à gagner;* ils ne retireront un réel bénéfice de l'entreprise que s'ils « tiennent » pendant toute la période où la capitalisation restreint les répartitions, sans contracter des dettes qui anéantiraient à l'avance le bénéfice escompté (1).

On peut établir entre les deux procédés d'épargne une distinction analogue à celle qui existe entre les impôts directs et indirects. Les premiers, perçus en vertu d'un rôle nominatif, sont plus sensibles au contribuable que les seconds, acquittés au moment où il effectue certains achats et qui sont confondus dans le prix de vente. On paye alors l'impôt presque sans s'en apercevoir. De même, l'épargne collective est ignorée du bénéficiaire lorsque celui-ci ne se tient pas au courant de la comptabilité de la personne morale dont il fait partie. Dans les coopératives de consommation, cette comparaison entre l'impôt indirect et l'épargne collective est tout à fait justifiée. Si les prix de vente sont suffisamment élevés pour permettre la réalisation d'appréciables bonis et si ces bonis sont mis en réserve par la société au lieu d'être répartis entre les consommateurs, les coopérateurs se trouvent avoir épargné, à leur insu, sur le prix de leurs consommations.

Nous venons d'établir les différences fondamentales qui distinguent l'épargne collective de l'épargne individuelle. De l'ensemble de l'exposé il ressort que ces différences sont tout

---

(1) Un bénéfice est, nécessairement, assuré aux sociétaires lorsque la loi déclare *insaisissables* les revenus qui leur sont attribués. — Cf. loi du 1er avril 1898 sur les Sociétés de secours mutuels, art. 12.

à l'avantage de la première. Cependant, il convient de ne pas exagérer la portée des distinctions établies et de ne pas se dissimuler les objections qu'on peut y faire.

Au point de vue de la formation des capitaux, on peut très justement soutenir que lorsque l'on envisage, dans un pays donné, l'ensemble des épargnants, la durée de la personne qui économise est d'importance secondaire. Si après la mort d'un chef de famille la tradition de l'économie individuelle se perpétue chez ses héritiers, ou bien si, à défaut de ceux-ci, elle est instaurée dans une autre maison, de telle sorte que la quantité des « économes » ou, plus exactement, la quantité de leurs économies reste toujours constante, il se forme comme une chaîne continue d'épargnes individuelles et la supériorité des personnes morales sur les personnes physiques ne paraît plus aussi manifeste.

De même pour le caractère obligatoire de l'épargne collective et pour le peu d'effort qu'elle réclame de la part des particuliers. Les partisans de l'épargne individuelle ne peuvent-ils pas faire observer que les dépenses exagérées de certains sont compensées, et peut-être au delà, par les épargnes de l'ensemble des gens économes, et que, moralement parlant, il est plus noble d'accomplir soi-même et volontairement le devoir d'économie que de se décharger de ce soin sur autrui, serait-ce sur une collectivité? Nous avons comparé la méthode collective à une machine dont le mouvement mécanique réclame le minimum d'effort humain. Mais n'est-ce pas une cause d'infériorité morale qu'à l'initiative individuelle, patiente, laborieuse et créatrice, les collectivités ne puissent opposer qu'une méthode administrative et machinale où l'effort est remplacé par un perfectionnement dans la technique de l'épargne?

Ces objections ont une réelle valeur, surtout quand on songe que l'épargne individuelle a accumulé la masse énorme de capitaux sur lesquels repose la civilisation moderne. Cependant elles ne paraissent pas décisives. Il n'y aurait pas place pour l'épargne collective dans l'activité économique d'un pays si les capitaux y étaient surabondants et si personne ne désirait leur donner une destination spéciale. Mais ces conditions ne seront, pour ainsi dire, jamais réalisées.

En période normale, les besoins croissants de l'industrie ou les désirs de transformation sociale provoqueront toujours un appel plus ou moins considérable de capitaux et la méthode collective d'épargne ne pourra qu'être encouragée concurremment avec les initiatives individuelles. Après des bouleversements économiques comme ceux auxquels nous avons assisté depuis plusieurs années, c'est une nécessité impérieuse pour un pays, surtout quand il a été aussi durement éprouvé que la France, de reconstituer et d'accroître ses forces de production en accordant aux deux genres d'épargne une place aussi large que possible.

L'épargne individuelle a son domaine propre et il est à espérer qu'elle se développera, car sans elle l'avenir du monde ne peut qu'être incertain. Mais si l'épargne collective vient s'y ajouter, il en résultera une formation plus considérable des capitaux. Cette supposition est d'autant moins invraisemblable que ce dernier procédé est à la portée de sociétés, comme les coopératives ou les syndicats, dont les membres sont, trop rarement, enclins à l'économie. Et il en est de même pour toutes les sociétés qui pratiquent l'épargne au profit d'individus qui n'accompliraient pas ce devoir par eux-mêmes.

D'ailleurs, même à supposer que l'épargne collective ne contribue pas à l'accroissement des capitaux, son utilité peut se manifester sous une autre forme. Il ne faut pas oublier, en effet, que le capital n'est qu'un moyen en vue de réaliser certaines fins. La passion de l'épargne pour elle-même existe peut-être chez certains avares, mais il s'agit alors d'un état morbide peu fréquent et dont il n'y a pas à tenir compte dans une étude d'ensemble. La plupart du temps, pour ne pas dire toujours, les économies sont amassées en vue d'un but déterminé. Or, *le patrimoine des personnes morales peut être employé à la réalisation de fins qui, si elles étaient laissées à l'initiative individuelle, ne recevraient pas suffisamment satisfaction* à un moment et dans un lieu donné.

On peut estimer, par exemple, que l'assistance aux vieillards et aux infirmes, l'hospitalisation des malades ou quelque autre mode d'entr'aide sociale ne sont pas, actuellement, suffisamment assurés. Pour améliorer cette situation, des personnes charitables créeront une société ou une fondation destinés à secourir et à soigner les malheureux. Le patrimoine de cette personne morale pourra être développé par la capitalisation, si l'on convient d'en placer une partie en valeurs productives de revenus, et de capitaliser les arrérages. A la vérité, l'accroissement de fortune de l'établissement charitable ne constituera peut-être pas une augmentation des capitaux déjà existants dans le pays. Il pourra y avoir simplement rachat par la personne morale de capitaux aliénés par quelque autre personne qui aura besoin de réaliser sa fortune au moment précis où celle de l'établissement charitable offrira des disponibilités. Il n'y aura donc pas accroissement de l'ensemble des capitaux renfermés dans le pays, mais transfert de la propriété dans une autre main qui lui donnera une destination différente et jugée supérieure.

Ainsi, par suite des caractéristiques des personnes morales : pérennité, respect obligatoire des statuts et séparation du patrimoine social de celui des sociétaires ou bénéficiaires, l'épargne collective aboutit à des résultats que n'obtiendrait pas ou qu'obtiendrait très difficilement l'individu isolé. On comprend alors l'importance de cette épargne et combien il est intéressant de connaître les méthodes qui doivent être employées pour lui faire produire tous ses fruits. C'est à une étude de ce genre que sont consacrés les prochains chapitres.

CHAPITRE II

LES PERSONNES MORALES ET LA CAPITALISATION

Nous avons sommairement montré en quoi consistait la capitalisation. Un capital, productif de revenus, augmente régulièrement si, au lieu d'être dépensés, les revenus viennent s'ajouter périodiquement au capital pour être placés comme lui.

Pourvu qu'il soit pratiqué pendant un temps assez long et à un taux suffisamment rémunérateur, le jeu de la capitalisation aboutit à une augmentation considérable du capital initial. Au taux de 5 0/0, par exemple, et en supposant les placements annuels, un capital double en 15 ans, quadruple en 30, décuple en un peu moins de 50 ans, pour arriver à centupler au bout de 95 années et à devenir 10.000 fois plus fort si l'on continue les placements pendant 200 ans. Avec un taux d'intérêt plus élevé, les résultats sont encore plus rapides ou plutôt moins lents; car c'est malheureusement le gros défaut de la capitalisation de demander toujours un délai plus ou moins long avant que soit atteint le but désiré. Mais les personnes morales dont la vie juridique est généralement étendue, sont à ce point de vue dans des conditions particulièrement favorables. En voici quelques exemples.

Un riche Anglais, Peabody, laissait à sa mort, survenue en 1861, une somme de 12 millions 1/2 qui devait être employée à la construction d'habitations à bon marché. D'après une clause du testament, ce capital devait grossir indéfiniment par l'emploi à la même fin de tous les loyers perçus. Depuis 1861 la capitalisation du montant des loyers a été si bien pratiquée qu'en 1916 le capital de la fondation représentait une valeur de 50 millions (1). M. Charles Gide, à qui nous empruntons ces chiffres, prévoit même le moment où cette fondation sera le plus grand propriétaire de Londres. Naturellement, les sommes nécessaires aux constructions nouvelles n'ont été utilisées qu'après le paiement des dépenses d'entretien des bâtiments anciens. D'après le même auteur, des dispositions analogues existeraient dans les statuts d'une société parisienne d'habitations : la fondation Heine; de même dans ceux de la cité-jardin de Bournville, près de Birmingham.

Certains bienfaiteurs usent de la capitalisation pour donner à leur libéralité une importance qu'elle n'aurait pas sans cela et font de l'épargne une condition expresse de leur donation. C'est ainsi qu'une somme de 10.000 francs a été léguée à un hospice, à charge de placer les fonds en un titre de rente 3 0/0 sur l'Etat et de capitaliser les arrérages « jusqu'à somme suffisante pour la fondation d'un lit » (2). Même disposition dans un autre legs en faveur d'une commune : les immeubles légués doivent être aliénés aux enchères, le produit placé en rentes et les arrérages capitalisés jusqu'à ce que soit atteint un revenu annuel de 50.000 francs (3). Préjugeant davantage de l'avenir, certains testateurs constituent des ressources en vue d'une éventualité dont la réalisation est incertaine. Par exemple, le legs fait en faveur d'un hameau d'une somme de 100.000 francs à placer en rentes sur l'Etat et dont les intérêts seront capitalisés jusqu'à ce que ledit hameau soit érigé en commune distincte (4).

---

(1) Gide, Economie sociale, édition 1921.

(2) Décret du 20 février 1909. Legs Ajalbert en faveur de l'hospice de Fontenay-sous-Bois.

(3) Décret du 16 août 1919, commune de Nogent-sur-Marne, legs Lepoutre.

(4) Décret du 20 janvier 1913; legs Dupont du Chambon en faveur du hameau de Villeneuve-la-Garenne, commune de Gennevilliers (Seine).

Ce qu'il est possible de faire sur la totalité des revenus d'un capital est tout aussi réalisable sur une fraction des revenus. On capitalise, par exemple, le cinquième ou le dixième des bénéfices réalisés. Seulement les sommes mises en réserve étant, chaque fois, moins importantes que lorsque la capitalisation porte sur la totalité des revenus, l'accroissement du patrimoine se produit plus lentement. Cette manière, si elle est moins rapide, présente l'avantage d'intéresser immédiatement les détenteurs du capital à son développement. Les associés se partagent périodiquement une partie, toujours accrue, des bénéfices et sont tout naturellement disposés à continuer la thésaurisation. Cette méthode est fréquemment appliquée et il est facile d'en citer de nombreux exemples.

Les établissements publics de bienfaisance qui possèdent des rentes sur l'Etat destinées à l'entretien d'un lit ou acquises au moyen du produit de la vente d'un immeuble, sont astreints à capitaliser, chaque année, le dixième des arrérages de ces rentes (1). Cette mesure a pour objet de prévenir la dépréciation du signe monétaire qui pourrait, dans la suite, mettre l'administration hospitalière hors d'état d'accomplir l'objet de la fondation. On a souvent remarqué, en effet, que le pouvoir d'achat de la monnaie légale a une tendance à diminuer dans le cours des âges. Un franc de notre époque ne permet plus d'acheter le même nombre d'objets qu'à une époque antérieure déterminée. Il y a bien, parfois, des exceptions à cette règle, mais, dans l'ensemble, on peut la tenir pour juste. La dépréciation de la monnaie légale ou, ce qui revient au même, la hausse des produits, a été trop évidente pendant et depuis la guerre pour ne pas faire apparaître aux yeux de tous cette vérité économique. L'augmentation régulière et continue du patrimoine des établissements hospitaliers est destinée à compenser, dans une certaine mesure, la dépréciation de valeur de ce patrimoine. En outre, la régle-

---

(1) Circulaires du Ministre de l'Intérieur des 15 mai et 26 octobre 1858 et du 10 mai 1876.

Même sens, avis du Conseil d'Etat des 25 janvier 1859 et 9 novembre 1864.

mentation dont il s'agit a introduit dans la comptabilité des hôpitaux et bureaux de bienfaisance des habitudes de prévoyance et d'économie sur lesquelles toutes les autres branches de l'Administration feraient bien de prendre exemple. Il est vrai que les établissements dont il s'agit sont les moins haut placés dans la hiérarchie administrative et que les mesures prescrites par le Ministre ne sont pas applicables aux finances de l'Etat. Il est plus facile d'imposer l'épargne aux autres qu'à soi-même !

Les fondations et les établissements administratifs ne sont pas seuls à pouvoir augmenter leur patrimoine par la constitution de prudentes réserves. La même facilité est accordée par le législateur à de nombreuses personnes morales, les sociétés civiles ou commerciales. C'est d'ailleurs à propos de certaines sociétés commerciales, les coopératives de production, que l'étude systématique des conséquences sociales de la capitalisation a été le plus approfondie. Le mérite en revient à l'apôtre convaincu des sociétés ouvrières : Pierre Buchez. Dans une série d'articles, publiés dans le journal *l'Européen*, de 1831 à 1832, et dans la *Revue Nationale*, de 1847 à 1848, Buchez a fortement conseillé la formation de sociétés ouvrières dotées d'un *fonds commun indivisible*, accru chaque année par un prélèvement sur les bénéfices de l'entreprise. Un nombre déterminé d'ouvriers se réuniraient en société et se lieraient entre eux par un contrat. Aux époques habituelles, ils recevraient l'équivalent du salaire journalier qu'ils auraient touché chez un patron. Le surplus, représentant le bénéfice net, serait partagé à la fin de l'année en deux parties, savoir : 20 0/0 destinés à former et accroître le capital social, le reste serait employé en secours ou distribué entre les associés au prorata de leur travail. La fondation et l'accroissement de ce capital social, inaliénable et indissoluble, était le fait important dans l'association. Il avait pour objet de créer un avenir meilleur pour les classes ouvrières en donnant peu à peu à l'association les moyens d'intéresser un nombre de plus en plus grand d'ouvriers de la corporation (1). Ces idées eurent un retentisse-

---

(1) *L'Européen*, 17 décembre 1831.

ment suffisamment considérable pour provoquer la création de nombreuses sociétés ouvrières dont la première en date paraît avoir été celle des « bijoutiers en doré ». Dans tous les statuts on trouve une clause stipulant la formation d'un fonds commun indivisible dont l'accroissement est automatiquement réglé par prélèvement sur les bénéfices (1). A ce moment, le fonds commun est tellement à la mode qu'une association d'ouvriers et d'ouvrières en chemiserie dont le capital est des plus modiques prévoit la formation d'un fonds de réserve et de retenue à créer ultérieurement (2). Un disciple de Buchez était saisi d'un tel enthousiasme à l'idée du fonds commun indivisible qu'il l'appelait « l'arche sacrée qu'il faut toujours accroître et jamais réduire et sans laquelle le principe sauveur de l'association n'aurait pas sa vertu ». Jérôme Paturot n'eut, évidemment, pas mieux dit (3).

Reprises par Ott (4), par les journaux *l'Atelier* (5), *le Travail affranchi* et par Feugueray (6), ces idées trouvèrent également un écho dans l'ouvrage de Louis Blanc sur « l'organisation du travail » (7) : « On ferait tous les ans le compte

---

(1) Un crédit de 3 millions avait été voté par l'Assemblée nationale, après la Révolution de 1848, pour encourager les associations ouvrières. Les fonds étaient distribués par une commission siégeant au Luxembourg et présidée par Corbon, rédacteur au journal *l'Atelier*.

Buchez fut président de l'Assemblée nationale et son influence s'y fit tout naturellement sentir. Les sociétés qui sollicitèrent une subvention durent adopter un modèle de statuts calqué sur ceux des bijoutiers en doré. Les sociétés non subventionnées les adoptèrent également par imitation. (Voir Cuvillier : Un journal d'ouvriers : *L'Atelier*, p. 255 et 256.)

(2) *Le Travail affranchi*, n° spécimen, p. 7 et n° 3, 1849.

(3) D'après Hubert-Valleroux : la Coopération, p. 3.

(4) A. Ott « des Associations d'ouvriers), 1838.

(5) *L'Atelier* (1840-1850) était un journal rédigé par des ouvriers. Il a été étudié d'une manière très approfondie par M. Cuvillier : Un journal d'ouvriers, *L'Atelier*.

Sur les emprunts faits à Buchez par *L'Atelier*, voir, notamment, p. 210-211.

(6) « L'Association ouvrière, industrielle et agricole », 1851. Feugueray fit partie de la commission du Luxembourg. (Voir p. 124.)

(7) Edition de 1840, p. 77.

Sur les emprunts faits par Louis Blanc à Buchez, voir les références indiquées par Cuvillier, p. 218, note 3.

du bénéfice net (des ateliers sociaux) dont il serait fait trois parts : l'une serait répartie par portions égales entre les membres de l'Association; l'autre serait destinée : 1° à l'entretien des vieillards, des malades, des infirmes; 2° à l'allègement des crises qui pèseraient sur d'autres industries, toutes les industries se devant aide et secours; *la troisième enfin serait consacrée à fournir des instruments de travail à ceux qui voudraient faire partie de l'association, de telle sorte qu'elle pût s'étendre indéfiniment.* » Mais c'est surtout par Feugueray que furent le plus développées les idées de Buchez. Nous aurons l'occasion de revenir sur son étude, malheureusement trop peu connue, « l'Association ouvrière, industrielle et agricole ». La plupart des coopératives fondées aux alentours de 1848 ne devaient pas subsister. Notre rôle n'est pas de rechercher, d'une manière approfondie, les causes de ces insuccès. Mais il est intéressant, au point de vue du sujet que nous étudions, de savoir si l'échec de ces tentatives est dû ou non à la capitalisation imposée par les statuts.

On doit d'abord reconnaître, comme le faisait Feugueray, qu'il peut être pénible d'abandonner une partie de son gain dans un intérêt d'avenir (1). Il en coûte toujours de travailler pour autrui. L'ouvrier oublie trop facilement que le prélèvement effectué au profit du fonds de réserve n'est pas opéré sur son salaire, mais sur une partie du profit qui, dans une entreprise ordinaire, aurait été réalisé par l'entrepreneur. Par conséquent, la condition de l'ouvrier associé est, dès la première heure, à tout le moins égale sinon supérieure à celle des autres ouvriers de la corporation. Mais l'état d'esprit remarqué par Feugueray n'est pas suffisant pour motiver à lui seul l'échec des sociétés ouvrières, attendu que le même insuccès a atteint les sociétés qui ne pratiquaient pas

---

(1) Feugueray, p. 74 et suivantes. Voir également Cuvillier, p. 212 et note. Cependant la pratique du fonds commun n'est pas entièrement abandonnée par les coopératives. Encore aujourd'hui, les sociétés ouvrières qui désirent participer aux subventions de l'Etat doivent verser au moins 20 0/0 des bénéfices au fonds de réserve. (D'après *L'Emancipation,* journal des associations ouvrières, novembre 1920, p. 139.)

le fonds commun. En réalité, la non-réussite des associations de ce genre est due à des causes absolument étrangères à la capitalisation. La coopération demande un sens moral, une acceptation de la discipline librement consentie, qui ne sont pas à la portée du commun. On subit un patron qui est imposé par les nécessités économiques; on supporte bien plus difficilement un gérant qui a été désigné à l'élection et qu'on a toujours une tendance à considérer non comme un chef, mais comme un égal (1). Beaucoup de coopératives, fondées dans l'enthousiasme, devaient périr par les dissensions intestines.

Loin d'être une cause d'affaiblissement pour les sociétés ouvrières, la constitution de fortes réserves est, au contraire, un moyen de salut. M. Bourguin, dans son livre aujourd'hui classique, *les Systèmes socialistes et l'évolution économique*, en fait une des conditions de réussite pour les coopératives. Celles-ci, déclare-t-il, ne pourraient changer la face du monde que si « elles possédaient de vastes propriétés territoriales et d'énormes capitaux, entièrement libérés par amortissement de toute charge d'intérêt vis-à-vis des bailleurs de fonds et des actionnaires eux-mêmes; alors seulement elles pourraient distribuer aux consommateurs associés les revenus du sol et des capitaux et exercer une attraction suffisante pour priver de clientèle et de main-d'œuvre les entreprises capitalistes. Pour constituer *ce fonds commun* de jouissance collective, il faudrait accumuler une masse considérable de capitaux en les prélevant sur les bénéfices » (2).

L'école de Nîmes, dont les ambitions sociales et coopératives sont des plus vastes, a si bien senti cette nécessité, qu'elle a inscrit à son programme l'extension de la coopération par un prélèvement sur les bénéfices (3).

---

(1) Sous l'empire des idées égalitaires, une association de cordonniers avait eu l'étrange idée de décider que chacun gouvernerait à tour de rôle et pendant 6 mois. La société n'a pas duré longtemps. (Hubert Valleroux, p. 63.)

(2) Les systèmes socialistes, p. 348.

Le passage cité a pour objet les coopératives de consommation. Mais ces observations sont tout aussi applicables aux sociétés ouvrières de production.

(3) Gide et Rist, Histoire des doctrines économiques, 1re édition, p. 690.

2

Mais la meilleure preuve que la formation de fortes réserves par prélèvement sur les bénéfices n'est pas incompatible avec le développement des sociétés, résulte de ce que le législateur a imposé la capitalisation à nombre d'entre elles et que cette obligation n'a pas entravé leur marche.

La loi du 24 juillet 1867 sur les sociétés par actions prescrit dans son article 36 : « Il est fait annuellement, sur les bénéfices nets, un prélèvement d'un vingtième au moins, affecté à la formation d'un fonds de réserve... » Cette réserve est destinée, en augmentant les ressources sociales, à donner plus de confiance aux tiers dans la solvabilité de la société. Ce but est censé être atteint lorsque les sommes accumulées dépassent le dixième du capital social. Mais les statuts peuvent prescrire la formation d'une réserve plus importante soit quant au prélèvement annuel, soit quant à la fraction du capital à réserver.

Le décret du 8 mars 1922 sur les sociétés d'assurances mutuelles prévoit, dans son article 27, la formation d'un *fonds de réserve ayant pour objet de donner à la société les moyens de suppléer à l'insuffisance de la cotisation annuelle* pour le paiement des sinistres. Le montant de ce fonds est fixé tous les cinq ans par l'assemblée générale.

La loi du 5 novembre 1894 sur les sociétés de crédit agricole dispose : « Les statuts *détermineront* les prélèvements qui seront opérés au profit de la société sur les opérations faites par elle. Les sommes résultant de ces prélèvements, après acquittement des frais généraux et paiement des intérêts des emprunts et du capital social, seront d'abord affectées jusqu'à concurrence des trois quarts au moins à la constitution d'un fonds de réserve, jusqu'à ce qu'il ait atteint la moitié au moins de ce capital. Le surplus pourra être réparti, à la fin de chaque exercice, entre les syndicats et entre les membres des syndicats, au prorata des prélèvements faits sur leurs opérations. Il ne pourra, en aucun cas, être partagé sous forme de dividende entre les membres de la société. A la dissolution de la société, ce fonds de réserve et le reste de l'actif seront partagés entre les sociétaires proportionnellement à leurs souscriptions, *à moins que les statuts n'en aient affecté l'emploi à une œuvre d'intérêt agri-*

cole. » Ce dernier point, comme nous le verrons par la suite, rappelle singulièrement les prescriptions statutaires des associations de 1848.

Pour les sociétés anonymes d'assurances à primes fixes, la société est *tenue,* en vertu du décret du 8 mars 1922, de faire annuellement un prélèvement d'au moins 20 0/0 sur les bénéfices nets, pour former un fonds de réserve. Ce prélèvement devient facultatif lorsque ledit fonds est égal au cinquième du capital (1).

Les dispositions législatives et réglementaires prescrivant la capitalisation qui viennent d'être indiquées sont obligatoires pour les sociétés. Des sanctions sont applicables en cas d'infraction (2). Comme le nombre des sociétés qui pratiquent ainsi l'épargne est considérable, il y a là un immense champ d'expérience de la capitalisation.

Pour continuer notre énumération, mentionnons certaines sociétés spécialement formées en vue de l'accroissement des capitaux : les sociétés d'épargne et de capitalisation. Leur activité, d'ailleurs, est très limitée, par suite du peu de temps qui leur est dévolu par la loi pour effectuer leurs opérations. Elles se bornent à constituer un capital au profit de chaque adhérent et lui remettent, à l'expiration de cha-

---

(1) Les sociétés d'assurance sur la vie *doivent,* en plus de leurs réserves mathématiques, constituer des réserves de garantie par un prélèvement annuel sur les encaissements d'une somme au moins égale à 3 pour 1000 du montant global des primes ou cotisations encaissées au cours de l'exercice. Ce prélèvement est réduit de moitié lorsque cette réserve a atteint un chiffre égal à 5 ou 6 pour cent des réserves mathématiques suivant la nature de la société. Il cesse d'être obligatoire lorsque la réserve de garantie a atteint un chiffre égal à 10 pour 100 des réserves mathématiques.

(2) Loi du 24 juillet 1867, art. 44 : « Les administrateurs sont responsables, conformément aux règles du droit commun, individuellement ou solidairement suivant les cas, envers la société ou envers les tiers, soit des infractions aux dispositions de la présente loi, soit des fautes qu'ils auraient commises dans leur gestion. » Cf. art. 1.992 C. civil.

Voir également les sanctions correctionnelles prévues en cas de contraventions aux dispositions prescrivant la formation de réserves mathématiques dans les société d'assurances sur la vie : art. 15 de la loi du 17 mars 1905.

Pour les sociétés d'épargne et de capitalisation, voir loi 19 décembre 1907, art. 15.

que contrat, le produit des sommes déposées et capitalisées. La durée de ces contrats ne peut être supérieure à 25 ou 50 ans, suivant la nature de la société (1).

Ces sociétés se proposent un double objet : 1° Favoriser l'épargne individuelle par le dépôt constant et régulier de sommes économisées par les adhérents; 2° capitaliser les intérêts de ces dépôts. C'est seulement cette deuxième opération qui constitue une épargne collective.

Comme autres exemples de sociétés pratiquant la capitalisation, signalons en outre de celles précédemment indiquées, les sociétés d'assurances de toute nature et les sociétés de retraite. Mentionnons également certains organismes administratifs et financiers, tels que les caisses d'épargne et la Caisse des dépôts et consignations.

A ce point de notre développement, une remarque s'impose. Si nous avons cité quelques exemples d'après lesquels la capitalisation est prescrite par la loi, il ne s'ensuit pas, à notre avis, qu'il faille faire appel à la contrainte législative pour obtenir un développement de l'épargne chez les collectivités. L'intervention de la loi dans le sens de l'obligation, tout en présentant certains avantages, ne va pas sans de graves inconvénients.

Pour éviter l'arbitraire, la loi doit être enfermée dans des formules rigides présentant un caractère aussi général que possible. La loi est une pour tous et elle ne doit pas créer de différences entre les personnes morales d'une même catégorie. Aussi, y a-t-il nécessité pour elle de s'adapter aux conditions qui régissent l'ensemble des sociétés envisagées. Les réserves, ou, plus exactement, les prélèvements effectués pour les constituer, doivent être proportionnés à la situation particulière dans laquelle se trouve chaque collectivité, aux charges qu'elle a à supporter, à ses ressources et si elle est de nature industrielle ou commerciale, à la concurrence avec laquelle elle se trouve aux prises. C'est dire que le législateur, soucieux de n'entraver le développement d'aucune personne morale, doit adapter sa réglementation à la situa-

---

(1) Loi du 3 juillet 1913 sur les sociétés d'épargne. Loi du 15 décembre 1907 sur les sociétés de capitalisation.

tion des moins favorisées. La capitalisation imposée par la loi est donc toujours relativement minime par rapport aux bénéfices constatés dans l'ensemble des entreprises.

De plus, il importe de ne pas décourager par des clauses trop restrictives de leur liberté, les apporteurs de capitaux. Cette recommandation est d'autant plus impérieuse quand il s'agit d'auteurs de libéralités. Si certains bienfaiteurs sont disposés à laisser fructifier les sommes données ou léguées pendant un certain temps avant qu'elles reçoivent la destination désintéressée qui leur est finalement assignée, d'autres se préoccupent moins de l'étendue lointaine dont leur bienfait est susceptible que de l'emploi immédiat qui peut en être fait. Ils préfèrent une utilisation rapprochée et limitée à des perspectives d'avenir peut-être séduisantes, mais forcément éloignées.

Le mieux paraît donc être de laisser chaque bienfaiteur libre d'agir suivant ses désirs et de ne pas lui imposer une capitalisation des revenus dont il serait seulement disposé à faire un emploi généreux et immédiat. Il ne faut pas décourager les bonnes intentions. D'ailleurs, si l'on tient absolument à rendre l'épargne obligatoire, il n'est pas nécessaire de recourir à une intervention spéciale du législateur. Il suffira de prévoir dans les statuts de la personne morale une clause prescrivant de mettre en réserve une certaine partie des revenus sociaux. Il ne faut pas oublier que, suivant l'expression du Code civil, les contrats sont la loi des parties et que toute stipulation contractuelle qui impose formellement l'épargne, est obligatoire pour les associés. Le contrat peut, du reste, prévoir, en cas d'infraction aux dispositions statutaires, telle ou telle sanction qui serait jugée préférable. Il peut aussi, sans rendre l'épargne précisément obligatoire, attacher de tels avantages à sa continuation que les intéressés se trouvent quasiment contraints de persévérer dans leurs habitudes d'économie. Une telle méthode place l'intérêt — et même l'intérêt immédiat — des bénéficiaires dans la pratique de l'épargne. Ce procédé qui est, en apparence, paradoxal, puisque l'épargne repose toujours sur quelque restriction momentanée en opposition avec les désirs et les besoins immédiats des intéressés, a été préconisé par

Pierre Buchez et par son école en vue d'éviter tout partage du patrimoine des sociétés ouvrières.

Buchez avait fait insérer dans les statuts des sociétés qui s'étaient fondées sous son inspiration une clause prévoyant qu'en cas de dissolution, le fonds de réserve ne serait pas mis à la disposition des sociétaires eux-mêmes, mais qu'il serait attribué à des établissements de bienfaisance ou à ceux des associés qui reconstitueraient la société sur les mêmes bases que celle qui aurait été dissoute... Des dispositions analogues pourraient être généralisées en vue de favoriser l'épargne. Il est facile de prévoir dans les statuts de la personne morale que toute suspension ou tout ralentissement dans le mouvement de capitalisation prévu, donnera à certains tiers — établissements de bienfaisance ou autres — un droit de revendication sur les fonds accumulés. De cette façon, les bénéficiaires de l'épargne se trouveraient dans l'obligation morale de pratiquer la règle d'économie sous peine de provoquer une diminution de leur patrimoine qui anéantirait le bénéfice escompté de l'arrêt de la capitalisation. Les dirigeants de la personne morale, se sentant surveillés par des tiers, se verraient contraints de respecter le pacte social. Il suffit de connaître la jalousie dont sont entourées les collectivités dotées d'un riche patrimoine, pour être assuré que toute défaillance de leur part qui donnerait droit à l'exercice d'une revendication contre leurs biens, serait impitoyablement mise à profit par ceux qui y auraient intérêt. Dans ces conditions, la capitalisation ne serait suspendue que dans les cas où ses inconvénients seraient tels que les associés préféreraient un démembrement de leur avoir à l'accumulation continue des capitaux.

Des dispositions analogues peuvent être prises par les auteurs de libéralités. Toute stipulation d'un acte de donation ou d'un legs prescrivant la capitalisation constitue une « charge » obligatoire pour les bénéficiaires. Le respect peut en être assuré soit par l'autorité chargée de contrôler la personne morale soit par les héritiers du testateur ou par tout intéressé (1).

---

(1) Sur ces différents points, voir chapitre suivant.

L'obligation de l'épargne, même quand elle émane de l'initiative individuelle, peut donner lieu à des abus. Aussi sera-t-il toujours préférable de poser une limite au développement de la capitalisation et de subordonner sa continuation à certaines conditions (1). Mais l'activité individuelle, même dans les cas où elle aboutit à la contrainte, présente, par rapport à la méthode législative, cet immense avantage de s'adapter aux conditions dans lesquelles se trouve chaque société envisagée et de ne pas imposer de réglementation uniforme à toute une catégorie de personnes morales dont la situation particulière est souvent très différente.

Ainsi qu'il sera expliqué ultérieurement, il existe, d'ailleurs, d'autres moyens que l'obligation légale ou contractuelle pour inciter les collectivités à pratiquer l'économie. Lorsqu'une société est dirigée par les plus capables et les plus prévoyants de ses membres, ceux-ci ont tout naturellement tendance à constituer des réserves en vue de l'avenir. Ne voit-on pas, fréquemment, les sociétés anonymes les mieux dirigées constituer, indépendamment du fonds de réserve imposé par la loi, des réserves considérables destinées à faire face aux risques commerciaux et industriels. Toute disposition statutaire qui facilite l'accès des « économes » à la direction d'une société aboutit à favoriser l'épargne et le meilleur moyen d'assurer la bonne gestion d'une œuvre consiste, le plus souvent, à adopter les mesures les plus propres à bien recruter ses dirigeants. Pour les administrations publiques et pour les fondations, le contrôle hiérarchique auquel elles sont astreintes ou le traditionalisme de leur direction constituent déjà des garanties importantes sinon suffisantes. Mais pour les autres personnes morales, il importe de préciser les règles statutaires qui sont les plus favorables à l'économie. Ce sera l'objet du chapitre suivant.

---

(1) Voir chap. IV.

CHAPITRE III

DISPOSITIONS STATUTAIRES FAVORABLES A L'ÉPARGNE

L'accroissement du patrimoine des personnes morales est, d'une manière générale, peu favorablement envisagée par le pouvoir souverain. La législation française, en particulier, ne permet aux collectivités d'exister juridiquement et de se développer que dans des conditions très étroites qui varient suivant la nature de la personne morale en cause. Si l'on voulait examiner les stipulations statutaires qui sont les plus favorables à la pratique de l'épargne, il faudrait étudier isolément chaque catégorie de personnes morales. Telle n'est pas notre intention. Nous nous bornerons à un examen d'ensemble de la question, portant tout spécialement notre attention sur les sociétés régies par la loi du 24 juillet 1867 sur les sociétés anonymes. Celles-ci, en raison du but économique qu'elles poursuivent, jouissent d'une liberté de mouvement beaucoup plus grande que celle dont peuvent user les autres personnes morales. Il semble donc tout naturel d'en faire l'objet d'une étude générale, parce qu'elles prêtent aux combinaisons les plus complexes et les plus variées.

En outre, il importe de remarquer que si les sociétés anonymes poursuivent, le plus souvent, un but de lucre, cette forme de sociétés n'en sert pas moins, parfois, à des entreprises moins intéressées. On remarquera que la pensée de faire en commun des bénéfices, suivant l'expression du Code, n'exclut pas tout sentiment plus élevé. Les grandes sociétés qui occupent un nombreux personnel ouvrier sont souvent amenées à organiser à son profit des œuvres d'assistance et de prévoyance. La société des mines de Blanzy n'a-t-elle pas donné l'exemple, en entretenant une douzaine d'œuvres de cette sorte? Dans certaines sociétés qui se réclament du Code de commerce, la partie sociale ou morale de l'œuvre ne constitue pas seulement un accessoire, mais le but même de l'activité de la société. Les bénéfices ne sont que secondaires et les sociétaires se contentent d'un revenu restreint. M. A. Lot, dans son étude sur « les libéralités aux sociétés civiles et commerciales » en cite d'assez nombreux exemples : la Société anonyme de logements économiques et d'alimentation de Lyon, la Société de l'Ecole Monge, celle du Collège Sainte-Barbe, la Société civile des fouilles archéologiques de Sardes. Citons également la Société des fermes françaises de Tunisie, la société « la Colonisation française », la société coopérative « les Presses universitaires de France », etc. Ces exemples pourraient être multipliés. Toutes les sociétés ayant pour objet la publication d'un journal ne visent-elles pas un but politique ou social et n'est-ce pas sous forme de sociétés anonymes que se sont constituées les sociétés coopératives de production ou de consommation? En réalité, les buts qui peuvent être poursuivis sous le couvert de la loi de 1867 sont multiples et n'offrent pas exclusivement un caractère mercantile. Ce nous est une raison de plus pour examiner les conditions dans lesquelles les sociétés créées sous les auspices de cette loi peuvent pratiquer l'épargne, tout en souhaitant qu'une législation libérale permette aux collectivités modestes, et qui ne peuvent s'accommoder de l'appareil majestueux de la loi de 1867, d'emprunter celles des dispositions exposées en vue de faire fructifier des capitaux qui paraîtraient les plus convenables.

Les sociétés sont comme les individus. Certaines, gérées prudemment, amassent des épargnes; d'autres ne montrent aucun souci d'économie. Tout se ramène, en somme, à une question de personnes; il s'agit de choisir, comme gestionnaires du patrimoine, les plus capables et les plus prévoyants.

Ce choix est relativement facile à exercer au moment de la création de la société lorsqu'elle n'a pas encore acquis le développement escompté. Les adhérents se connaissent ou, tout au moins, sont encore unis par la recherche du but commun qui les a incités à se grouper. Ces qualités initiales doivent se perpétuer surtout lorsqu'une disposition favorable à l'économie a été insérée dans le pacte social. Il est donc du plus haut intérêt pour la collectivité de conserver à sa tête des administrateurs animés d'un esprit de suite qui imprime à la société une marche prudente et économe.

Cet esprit de suite, ce traditionalisme peut être obtenu en confiant la direction de l'entreprise aux membres d'une même famille. Dans certains charbonnages du Nord, les membres du Conseil d'administration sont nommés à vie et quelques-unes de ces fonctions sont transmissibles aux héritiers (1). C'est le système aristocratique dans son état le plus pur. Il repose sur l'hypothèse que les fils hériteront des qualités des pères et ne démériteront pas.

Si l'on veut éviter toute incertitude, on peut avoir recours à une méthode plus sûre : laisser aux premiers administrateurs-fondateurs de la société le soin de recruter leurs collaborateurs lorsqu'une vacance se produit dans le Conseil de direction et continuer par la suite ce recrutement par en haut. C'est ce qu'on appelle la cooptation. Ce procédé paraît offrir le maximum de sécurité pour assurer la continuité d'une œuvre. Un homme seul, investi d'un pouvoir absolu, est susceptible de changer radicalement de caractère ou d'opinion. Un comité, peu nombreux, aura tout naturellement tendance à réprimer les écarts de ses membres. Il maintiendra la tradition par esprit de corps et pour ne pas se déjuger.

Le même résultat serait obtenu si la prépondérance au sein de l'Assemblée générale d'une société ou au sein de son Conseil d'administration était accordée à une personne morale distincte de la société et animée d'un esprit nettement conservateur, à une fondation par exemple. C'est ce qui se

---

(1) Thaller. Traité de droit commercial, 1904, p. 396 (note).

passe à Lyon, d'après M. A. Lot, pour la Société anonyme de logements économiques et d'alimentation (1). Cette société a pour objet l'amélioration du sort des ouvriers, particulièrement en ce qui concerne le logement. Le dividende du capital est limité par les statuts, mais comme les terrains appartenant à la société sont susceptibles de larges plus-values, les associés pourraient être tentés par un gros bénéfice et faire en sorte que l'œuvre dévie de son véritable but. Pour prévenir toute infraction au texte ou à l'esprit des statuts, les fondateurs ont fait entrer dans la société la Caisse d'épargne de Lyon. Celle-ci a toujours la prépondérance dans l'Assemblée générale et dans le Conseil d'administration. Elle y joue le rôle de régulateur et assure le respect de la constitution sociale. C'est une fonction analogue à celle qu'assure, dans certains pays, la puissance à laquelle a été conférée un droit de protection ou un mandat de la Société des Nations.

Au lieu d'être exercée sous une influence étrangère ou par un petit groupe qui se recrute par hérédité ou par cooptation, la direction peut être assurée par l'intermédiaire d'un collège électoral restreint. Par exemple, si la société a été fondée sous le régime des sociétés par actions, on divise les titres en deux catégories, A et B. Les actions A ont droit à 2.500 voix, les actions B, plus nombreuses, à 2.000 seulement. Les premières, malgré leur infériorité numérique, ont donc la prépondérance. Mais les propriétaires des titres A peuvent les vendre; ou bien, après la mort des premiers détenteurs, les actions peuvent passer aux mains d'héritiers qui ne sont pas animés des mêmes intentions que leur auteur. Pour parer à ce danger, il est nécessaire d'accorder aux membres du groupe privilégié un droit de préemption en cas de cession entre vifs ou de transmission après décès. Il y a là une opération analogue au retrait vicinal qui était employé dans l'ancien droit pour éviter l'intrusion d'étrangers dans une collectivité. Les autres membres du groupe, les voisins généralement, s'appropriaient le bien cédé moyen-

____

(1) A. Lot : Des libéralités aux sociétés civiles et commerciales.

nant une juste compensation en espèces, sauf dans le cas où l'admission de l'étranger était accueillie avec faveur.

La direction de la société, par une minorité d'élite, peut encore être assurée en accordant un pouvoir électoral d'autant plus étendu que l'intéressé est sociétaire depuis plus longtemps. Cette disposition repose sur des présomptions qui, d'ailleurs, ne manquent pas de valeur. On suppose que les nouveaux sociétaires se pénètrent peu à peu de l'ambiance qui règne dans la société et qu'ils s'imprègnent d'autant plus de la mentalité dominante qu'ils y sont restés plus longtemps; ou que l'âge et l'ancienneté leur donnent une pondération favorable à la bonne marche de l'entreprise. Des sociétés ouvrières de production sont organisées d'après ce principe et réussissent fort bien. N'est-ce pas, d'ailleurs, la méthode employée dans les grands pays pour naturaliser, *jure soli*, les étrangers qui sont nés sur le territoire et qui y vivent depuis un certain temps?

Mais ces procédés aristocratiques, surtout les premiers, ne seraient pas toujours très appréciés. Aux fondateurs de sociétés qui s'inspirent des principes égalitaires, mais qui désirent néanmoins, dans la mesure du possible, assurer la continuité de l'œuvre qu'ils sont disposés à fonder, on peut recommander une tactique qui, tout en sauvegardant les droits des sociétaires, restreint, en fait, les pouvoirs de la majorité des votants au profit de l'élite qui détient la direction.

Il a été souvent constaté, lors des élections politiques, que le nombre des abstentions est considérable. A tel point que l'on a pu dire que, malgré l'institution du suffrage universel, la France était gouvernée par une minorité. D'après M. Duguit, la Chambre élue en 1902 représentait 5 millions d'électeurs sur 11 millions et une loi des plus importantes, celle de la séparation des Eglises et de l'Etat, n'a été votée que par 341 députés représentant moins du quart du corps électoral (1).

---

(1) Le droit social, le droit individuel et la transformation de l'Etat, p. 30.

La même observation s'applique à l'égard des sociétés privées. Celles-ci en sont même réduites, dans les cas où elles ont besoin de réunir un nombre considérable de sociétaires, à accorder une prime aux suffrages exprimés soit directement soit par représentation. Et encore, pour peu que la société ait de l'importance, est-il souvent impossible de réunir la majorité absolue de tous ceux qui ont le droit de vote. Devant ces résultats on est donc fondé à affirmer que les élections sont presque toujours faites par une partie plus ou moins restreinte du corps électoral, le plus souvent par une minorité. Dès lors, on ne voit pas pourquoi une minorité s'arrogerait le droit de parler au nom de la majorité. Si l'opinion des abstentionnistes doit être interprétée, n'est-ce pas plutôt en faveur des représentants en fonction au moment de la consultation du corps électoral que contre eux? Si les électeurs n'étaient pas satisfaits de l'état de choses existant, ne seraient-ils pas venus en foule manifester leur mécontentement au moyen de la seule arme en leur pouvoir : le bulletin de vote. Que la minorité puisse remplacer une certaine fraction du Conseil de direction d'une société, rien de mieux; mais qu'elle ne soit pas appelée à modifier ce conseil *dans sa totalité*. Les changements pourraient être proportionnés au nombre des votants. Plus ceux-ci seraient nombreux, plus le nombre des éligibles serait élevé. Les statuts devraient naturellement prévoir ceux des administrateurs en fonction dont le mandat pourrait être contesté en premier lieu. Un ordre serait établi à chaque modification dans la composition du Conseil, ordre qui pourrait favoriser soit les plus anciennement élus, soit les plus âgés, soit ceux qui ont obtenu le plus grand nombre de voix. Ce serait quelque chose d'analogue à l'ordre du tableau qui existe pour les élections municipales. Pour peu que les statuts soient convenablement rédigés, on pourrait, de cette manière, conserver à la direction de l'œuvre un certain nombre de personnes ayant participé à sa fondation. Mais ces personnes venant à disparaître, il faudrait pourvoir à leur remplacement. On se trouve alors acculé à la nécessité de reconnaître aux votants, même minorité, un pouvoir plus étendu qu'à l'ordinaire, ou bien à accorder aux membres restants la faculté de cooptation.

Ces dispositions peuvent être critiquées quand il s'agit d'un organisme politique dont le caractère souverain ou les attributions particulièrement importantes requièrent des électeurs une manifestation expresse de leur volonté. On vise, alors, à décourager les abstentionnistes, en leur déniant toute influence sur la direction d'une société dont ils se désintéressent. Mais pour les sociétés économiques et particulièrement pour celles qui visent à accumuler des capitaux, la manière de faire envisagée ci-dessus ne paraît guère devoir soulever de graves objections.

Toute cette procédure suppose que les fondateurs sont dignes d'assumer puis de conserver la direction de l'œuvre. S'il n'en était pas ainsi, les dispositions envisagées tourneraient au désavantage de la société. Il est vrai que cette éventualité ne serait guère à craindre lorsque des précautions sérieuses ont été prises en vue du recrutement de l'élite dirigeante. Dans le cas où les changements à apporter dans un Conseil d'administration sont proportionnés au nombre des votants, aucun danger ne serait à redouter. La mauvaise gestion de la société ferait sortir la masse des membres de leur indifférence et provoquerait, au moment des élections, l'intervention d'un grand nombre de votants. D'où un remaniement correspondant et considérable du Conseil d'administration. Mais ceci ne se produirait que dans les circonstances vraiment graves. En temps normal, la stabilité des directeurs serait assurée, ainsi que le développement normal et régulier de la société.

Si l'on veut éviter toutes ces combinaisons, il est un autre moyen de pratiquer l'épargne à coup sûr : c'est de la rendre obligatoire. Cette obligation peut résulter soit des termes mêmes d'une libéralité, soit d'une disposition statutaire.

Nous avons cité des exemples d'après lesquels un bienfaiteur léguait à une commune ou à un établissement public une somme d'argent, à charge d'en capitaliser les arrérages. Pareille générosité peut être accomplie en faveur de certaines associations ou sociétés, même de sociétés civiles ou commerciales (1). Quand il en est ainsi, l'exécution des dispositions testamentaires peut être exigée par les héritiers du testateur et leur droit va, parfois, jusqu'à obtenir la révocation du legs '(2). Dans les cas où la capitalisation constitue une des « causes déterminantes » du legs, la société peut donc être contrainte à respecter le principe d'économie.

Mais l'épargne collective n'a pas toujours son origine dans une disposition testamentaire. Le plus souvent elle résulte d'un contrat et son caractère obligatoire peut être mis en question. Naturellement, l'obligation existe tant que les statuts en font expressément mention. Mais les statuts ne sont pas invariables et la plupart d'entre eux contiennent une clause prévoyant leur propre révision. Quand le pacte social est muet à cet égard, c'est la loi ou la jurisprudence qui règle la procédure de révision. Il est indispensable, en effet, qu'une société puisse évoluer et s'adapter aux circonstances qui se présentent. Les fondateurs ne peuvent pas prévoir toutes les éventualités auxquelles la société devra faire face. Il est nécessaire, parfois, que leur œuvre soit complétée ou modifiée, sous peine de végéter sans force et sans influence (3). Or, cette possibilité de modifier les statuts, s'applique à l'article concernant la capitalisation comme aux autres stipulations du contrat. On a, quelquefois, établi une distinction entre les clauses dites substantielles et les autres, les premières ne pouvant être modifiées que par l'unanimité des sociétaires, parce qu'elles constituent la base même de

---

(1) Voir A. Lot : « Des libéralités aux sociétés civiles et commerciales. »

La loi du 7 mai 1917 qui a pour objet l'organisation du crédit aux sociétés coopératives de consommation, prévoit expressément l'autorisation pour ces dernières de recevoir des dons et legs.

(2) Une indemnité pécuniaire peut même être revendiquée au profit des tiers bénéficiaires du legs, par exemple certains pauvres d'une commune, lorsqu'ils ont subi un dommage par suite de l'inexécution de la charge. Voir arrêt de la Cour de Cassation du 19 mars 1855 (Dalloz 1855-1-297). En l'espèce, il s'agissait d'un legs fait au profit d'un hospice à charge d'entretenir 12 enfants pauvres originaires d'une commune. Les mêmes règles doivent être appliquées aux sociétés civiles ou commerciales.

(3) Les sociétés régies par la loi du 24 juillet 1867 modifiée par celle du 22 novembre 1913 peuvent d'ailleurs s'interdire, dans leurs statuts, toute modification au pacte social.

la société et qu'on ne saurait les supprimer sans la détourner
de son but (1). Mais la capitalisation sera-t-elle, le plus souvent, considérée comme une clause substantielle? Sauf en ce
qui concerne les sociétés qui visent directement à l'accumulation de capitaux pour les répartir entre les sociétaires,
l'épargne ne sera qu'un moyen d'accroître le capital social
dont l'emploi, il ne faut pas l'oublier, constitue l'objet même
de la société. Supposons une œuvre quelconque de bienfaisance disposant d'un certain pécule. L'épargne obligatoire
permet d'accroître ce capital et d'étendre l'influence de la
société. Mais, malgré tout, l'objet même de cette dernière
n'est pas l'épargne; c'est la bienfaisance. La capitalisation
peut parfaitement être supprimée sans que la société soit
détournée de son but.

Pourtant, il y a un cas où, indépendamment des exceptions déjà citées, l'obligation de constituer des réserves nous
semble devoir être considéré comme une clause substantielle
intéressant la marche même de la société : c'est lorsque
celle-ci s'est formée avec un capital manifestement trop modeste pour exercer son action, alors qu'il ressort de la rédac-
tion de l'acte d'association que la capitalisation a été l'unique moyen envisagé pour donner à la société les moyens qui
lui font défaut. Il est clair que, dans ces conditions, arrêter
l'épargne serait entraver le fonctionnement même de l'œuvre. En dehors de cette hypothèse qui a, du reste, une
extrême importance, il semble bien que la capitalisation
puisse perdre son caractère obligatoire dans les conditions
où peuvent être modifiés les statuts.

Il y a bien un procédé qui, sans interdire toute modification au pacte social, empêcherait néanmoins les sociétaires
d'arrêter la capitalisation. Ce serait de décider dans les statuts que ceux-ci ne pourront être modifiés qu'à une majorité
considérable, si considérable qu'en fait elle ne puisse jamais
être réunie. Décider qu'une assemblée ne pourra valablement
ment délibérer que lorsqu'elle réunira les neuf dixièmes des

---

(1) Ces observations ne sont plus exactes pour les sociétés fondées
sous le régime de la loi du 24 juillet 1867 modifiée par la loi du
22 novembre 1913, dans son article 33; mais elles subsistent pour
d'autres.

membres, c'est se condamner à ne pouvoir prendre aucune décision. Pour peu que la société ait quelque importance, une majorité même sensiblement moins forte ne pourra pas davantage être obtenue. Requérir une majorité des trois cinquièmes dans les grandes sociétés pour modifier les statuts, aboutit à décréter, en fait, l'immutabilité du pacte social. Pour les raisons déjà exposées, ce caractère invariable présenterait par la suite de tels inconvénients qu'il doit être formellement déconseillé. Une solution transactionnelle consisterait à établir des distinctions entre les différents articles des statuts. Certains, dont la clause concernant la capitalisation, nécessiteraient une majorité plus considérable que les autres pour être modifiés. Des facilités pourraient aussi être accordées pour compléter les statuts dans la mesure où cela n'entraînerait pas une modification des articles existants.

Parmi les diverses combinaisons à envisager, mentionnons une sage mesure qui consisterait à ne donner qu'au Conseil d'administration la possibilité de proposer une révision des statuts. Ou bien, quand les sociétaires ont le droit de proposer eux-mêmes des modifications, il pourrait être stipulé que la demande devrait être transmise à un comité chargé de l'accepter ou de la repousser. Ce comité pourrait être nommé à vie et ses membres déclarés irrévocables (1). S'ils se recrutaient par cooptation, il y aurait là le meilleur moyen de concilier les tendances démocratiques et égalitaires des associés avec le maintien d'un élément conservateur. Le comité jouerait le rôle de gardien de la constitution qu'a rempli parfois, dans la vie politique de certains peuples, un Sénat, un Conseil d'Etat ou une Cour de justice.

A défaut de ces garanties, on peut songer à renforcer la procédure de révision en stipulant qu'une décision ne sera valable que lorsqu'elle aura été acceptée par deux assemblées générales réunies à un assez grand intervalle l'une de l'autre; ou bien que la décision n'aura force obligatoire que passé un certain délai. Tout ceci pour permettre aux forces d'opposition de se manifester en temps utile.

Ces différentes combinaisons sont indiquées à titre

----

(1) Houpin. Traité des sociétés, tome II, page 354.

d'exemple; les multiplier serait facile si nous ne craignions d'alourdir outre mesure cet exposé. L'essentiel est de reconnaître que même dans les cas où une modification des statuts est juridiquement permise, il sera toujours facile d'entourer la procédure de révision de garanties telles que le développement de la capitalisation en soit aussi peu entravé que possible.

Dans certains cas la faculté de réviser les statuts est favorisée, d'une manière indirecte, par la possibilité d'expulser les sociétaires hostiles à la mesure proposée. Telle est, en effet, la situation dans les sociétés coopératives. M. Hubert Valleroux en cite un exemple caractéristique dans son livre sur la Coopération (1) : « Dans une association ouvrière de Paris, raconte-t-il, une proposition fut faite à l'assemblée générale de changer les statuts et de les changer en une manière grave. Cette proposition fut combattue par les anciens de la société, par les hommes d'expérience, et, notamment, par le fondateur de l'association, un vétéran de 1848... Ils ne furent pas écoutés; la modification demandée plaisait aux jeunes; ils l'emportèrent et le changement fut voté. »

Les opposants, ne voulant pas accepter pareille décision, employèrent la seule voie possible : ils s'adressèrent à la justice et un jugement du tribunal de la Seine annula la décision de l'assemblée générale.

« Une assemblée générale extraordinaire fut convoquée de suite par les directeurs de l'association et les ouvriers apprirent, avec une extrême surprise, que le tribunal avait défait l'œuvre de la majorité. Ils n'en persistèrent pas moins dans leur dessein et le moyen de réussir leur fut indiqué. Ils dirent aux opposants : « Voulez-vous changer d'avis et voter la clause que nous désirons, ou bien être exclus ? » Comme ceux-ci persistèrent dans leur résolution, ils furent exclus sur-le-champ... » La modification des statuts fut, sans doute, votée à l'unanimité, parce qu'il ne resta plus personne pour protester contre cette décision.

Doit-on retirer aux sociétaires le droit de procéder à des exclusions? Cela serait bien imprudent, surtout quand il

---

(1) Page 51.

s'agit de sociétés comme les coopératives de production, où une stricte et sévère discipline doit régner entre les membres, sous peine d'aboutir à l'anarchie et à la faillite. D'autre part, doit-on entourer le droit d'exclusion de garanties telles que l'associé ne puisse être exclu que dans les cas vraiment graves, par exemple s'il a nui à la collectivité ou s'il a porté atteinte à son honneur? Tout dépend de l'impartialité des juges devant lesquels sera portée l'affaire. S'il s'agit d'une juridiction dont les membres sont entièrement indépendants par rapport à la société et surtout par rapport à son comité directeur, alors la garantie sera réelle. Si, au contraire, la culpabilité et l'acquittement sont décidés par la majorité des membres qui composent l'assemblée générale de la société, alors il n'y a plus aucune sécurité pour l'individu. La justice des assemblées est illusoire comme celle des foules, même quand elle est prononcée par une majorité imposante et réunit un nombre considérable de votants. Les passions politiques et sociales — sans compter les autres — peuvent s'y donner libre cours et rien n'est plus facile à une assemblée que de déclarer noir ce qui est blanc. Et puis n'y a-t-il pas des cas douteux qui peuvent donner lieu à contestations? Voici, par exemple, une énumération des motifs d'exclusion prévus par A. Ott dans son livre sur les associations d'ouvriers : « ...La paresse, l'ivrognerie, le libertinage, peu de zèle pour les intérêts de l'association, un acte contraire à ces mêmes intérêts, l'infidélité dans les opérations dont on aura été chargé dans l'association, en un mot tout acte ou toute opinion contraire à la morale, à la nationalité française, à l'égalité et à la fraternité. »

On retrouve beaucoup de ces clauses dans le contrat d'association rédigé par les écrivains de *l'Européen* pour des ouvriers menuisiers. Mais *toutes les contestations entre associés étaient soumises à la décision d'arbitres* (1).

Si l'on ne veut pas déférer la question des exclusions à des arbitres ou aux tribunaux et si l'on préfère réserver les droits de l'assemblée générale, le mieux paraît être de décider, dans les statuts, que l'exclu aura droit à une forte in-

______

(1) Feugueray, p. 207.

demnité pécuniaire, sauf en cas de faute vraiment grave et ayant entraîné une condamnation par les tribunaux répressifs, parce qu'on se trouve en présence d'un *grief précis et déterminé*. Dans les cas douteux ou injustes, la perspective d'une grosse somme d'argent à payer serait susceptible de réprimer les mauvais penchants de la majorité et éviterait, peut-être, les injustices.

On pourrait tenter un rapprochement entre cette méthode et le droit musulman tel qu'il nous est présenté par M. Houdas à propos de la répudiation des femmes. On sait que les maris musulmans achètent leurs femmes. Mais, le plus souvent, le prix d'achat n'est pas payé comptant. Il est réglé en deux ou plusieurs fois : d'abord au moment du contrat puis à des époques ultérieures. Quand le mari veut répudier sa femme, ce que les musulmans font avec facilité, il doit acquitter immédiatement la partie de la dette dont il est encore redevable. La crainte d'avoir à délier les cordons de sa bourse fait, paraît-il, beaucoup hésiter le mari avant de prendre une grave détermination (1).

Si des dispositions doivent être envisagées en vue d'éviter des modifications abusives aux statuts, il importe également de prendre des précautions afin de détourner un autre danger qui menace la société parvenue à un certain degré de prospérité : la dissolution anticipée. Celle-ci entraînerait le partage du patrimoine social entre les associés avides de s'en emparer et de se partager les réserves.

Contre une dissolution injustifiée, les dispositions à prendre étaient déjà indiquées par Pierre Buchez et par son école. Les Buchéziens avaient fait insérer dans les statuts des associations qu'ils avaient rédigés ou conseillés, les dispositions suivantes : « La société, à l'expiration de sa durée ou en cas de dissolution, pourra être recommencée pour une nouvelle période de ... ans au moins soit par tous les associés, soit par la majorité d'entre eux. Dans le cas de renouvellement de la société, le fonds indivisible sera attribué à la nouvelle société. Au cas où la société ne serait continuée

____

(1) Houdas : l'Islamisme, p. 202 et 203.

d'aucune manière, le fonds de retenue indivisible sera mis
à la disposition soit des institutions publiques chargées
d'encourager les sociétés ouvrières s'il en existe, soit des
établissements de bienfaisance ayant pour but l'amélioration du sort des travailleurs et, à défaut, aux hospices du
département et de la ville » (1).

Cette tactique était des plus habiles. Ne pouvant supprimer le droit de dissolution qui s'imposait à eux et que les
associés tenaient de la loi, les Buchéziens prenaient soin de
mettre l'intérêt des sociétaires dans le maintien de l'œuvre,
d'abord, et si la dissolution était votée, dans sa reconstitution. En cas de partage, le profit n'allait pas aux dissidents
mais à des étrangers ou bien aux sociétaires opposés à la
dissolution.

L'application de ce principe est d'ailleurs susceptible de
toutes sortes de modalités. On peut décider, par exemple,
que les dissidents au lieu d'être privés de leur part, ne la
toucheront que par fractions et à intervalles échelonnés de
telle sorte que leur intérêt à provoquer un partage sera plus
ou moins lointain et n'obtiendra pas une satisfaction
immédiate.

Mais parmi toutes les éventualités, il est nécessaire de
prévoir le cas où plusieurs sociétés se forment sur les débris
de l'ancienne afin de la continuer. Les motifs de séparation
peuvent ne pas résider seulement dans un sentiment
d'égoïsme et de jouissance immédiate. La dissolution peut
être demandée en vue de l'avenir et parce que les associés
ont des conceptions différentes sur les intérêts et sur la
marche de la société. Il semble alors que le partage doive
être effectué au prorata du nombre des sociétaires de chacune
des nouvelles personnes morales.

La capitalisation repose essentiellement sur ce fait que
la personne morale réalise des bénéfices. Le fonds commun

______

(1) Feugueray, ouvrage cité, p. 252. A titre d'exemple, voir les
statuts reproduits dans *Le Travail affranchi*, numéro spécimen du
1ᵉʳ janvier 1849 et n° 3. — Voir également la loi du 5 novembre 1894
sur les sociétés de crédit agricole qui reproduit une partie de ces
dispositions.

étant alimenté par un prélèvement sur ces bénéfices, généralement proportionné à leur quotité, plus ceux-ci seront importants et plus les sommes mises en réserve seront considérables. Dans le cas contraire, il devra supporter les aléas du commerce. Cependant, quel que soit le degré de prospérité de l'entreprise, les représentants du fonds commun devront toujours, particulièrement s'ils n'ont aucune influence sur la direction de l'affaire, veiller à ce que les droits qu'ils représentent soient respectés lors de chaque partage des bénéfices et à ce que la valeur des apports de capital en nature, s'il s'en produit, ne soient pas surestimés. Le fonds commun représente un certain tantième du capital social et il sera généralement rémunéré en proportion de son importance. Toute exagération de la valeur des autres fractions du capital amènerait donc une diminution des bénéfices qui peuvent lui être dévolus. Les précautions à prendre en pareil cas seront les mêmes que celles qui sont généralement employées pour sauvegarder les droits des porteurs de parts de fondateur.

Dans les coopératives, la situation est plus délicate. Celles-ci étant dirigées par leurs membres ou plutôt par leurs représentants, les droits du fonds commun de capitalisation seront encore plus facilement discutés que dans les sociétés ordinaires. Les associés seront d'autant moins disposés à protester contre les frustrations de ce fonds qu'ils en retireront eux-mêmes un profit immédiat.

Pour les sociétés de consommation, la grosse affaire est la fixation du prix de vente. Ces coopératives ont été précisément constituées en vue d'amener une baisse des prix par la suppression des profits que réalisent les intermédiaires au détriment des consommateurs. Dans les sociétés anonymes ordinaires, il y a conflit presque permanent entre actionnaires et consommateurs, les premiers cherchant à gagner le plus possible et les autres à payer le moins cher; mais le fonds de capitalisation est, lorsque ces sociétés en comportent un, à l'abri des exigences des consommateurs attendu que son sort est lié à celui des puissants tuteurs que sont les actionnaires. Il n'en va pas de même dans les sociétés coopératives de consommation. La constitution de fortes réserves est en contradiction avec l'intérêt immédiat des coopérateurs en ce qu'elle majore d'autant les prix de vente ou tout au moins recule le moment de percevoir les bénéfices.

De même pour le taux des salaires. Ceux-ci ne peuvent guère, dans les sociétés ordinaires, devenir exagérés car les autres intérêts engagés dans l'entreprise prennent soin d'empêcher leur trop grand développement. Mais il peut en être différemment dans les sociétés coopératives de production dirigées par les ouvriers eux-mêmes. La rémunération de ces derniers est effectuée de deux façons : d'abord par un salaire comme pour tout ouvrier de la profession, ensuite par le profit réalisé qui, dans une entreprise ordinaire, serait allé au patron ou aux actionnaires. Dans ces conditions, les ouvriers auront une tendance toute naturelle à exagérer les salaires, sur lesquels n'est opéré aucun prélèvement, quitte à diminuer les bénéfices par lesquels est alimenté le fonds de réserve. Evidemment, ce sera au détriment de l'avenir, mais cette considération importera peu à certains. L'essentiel pour ceux-là, ne sera-ce pas d'être rémunérés sous la forme qui leur rapportera le plus? La situation est analogue à celle en présence de laquelle se trouvent les membres des sociétés de consommation. L'avantage immédiat des ouvriers producteurs consiste en une élévation du taux des salaires de même que celui des consommateurs réside en un abaissement des prix de vente. Dans ces deux cas, même résultat : diminution du chiffre des bénéfices et, par conséquent, restriction des réserves. Nous avons bien indiqué, précédemment, que certaines coopératives, telles la Verrerie ouvrière d'Albi, insistaient avec quelque fierté sur le caractère prudent et économe de leur gestion. A supposer qu'il en soit souvent ainsi, il n'en reste pas moins que des précautions doivent être prises en vue d'éviter les défaillances qui menaceraient de se produire tant dans les coopératives de production que dans celles de consommation.

Les promoteurs du fonds commun indivisible ont prévu le danger et tenté d'y parer en ce qui concerne les associations de production (1) : « L'ouvrier, dit un rédacteur de la

---

(1) Pour les coopératives de consommation, il faudrait se baser sur les prix de vente du commerce.

Revue nationale, ne doit prélever sur le fruit de son travail que la somme équivalente au salaire qu'il gagnerait chez des maîtres » (1). Cette disposition est appliquée par nombre de coopératives ouvrières. A la Verrerie d'Albi, par exemple, la rémunération du personnel doit avoir pour base le salaire le plus élevé des ouvriers verriers de France. Cette obligation suppose l'existence d'une industrie patronale. C'est le « capital » qui, d'une manière indirecte, fixe les salaires des coopérateurs d'après la rémunération qu'il accorde à ses propres ouvriers. Qu'adviendrait-il si le régime capitaliste venait à disparaître et s'il était remplacé par un régime coopératiste ou autre?

On objectera peut-être qu'à ce moment la formation d'un fonds de capitalisation serait tout à fait inutile. Mais rien n'est moins prouvé. Si un idéal autre que le coopératisme venait à animer les sociétaires, ils seraient encore bien aises de se servir du fonds commun pour transformer ou améliorer le régime coopératiste existant.

Et puis il faut amortir et parfois développer le matériel ce qui nécessite toujours la formation d'une réserve.

De tout ce qui précède, nous pouvons nous rendre compte qu'il y a souvent dans toute détermination du bénéfice net, un élément d'appréciation qui peut soulever des contestations. De plus, si le fonds commun n'a aucune influence sur la marche de l'entreprise, il devra, en cas de mauvaise gestion, supporter des pertes dont il n'est moralement pas responsable. Ce sont là, évidemment, les aléas des entreprises industrielles et commerciales mais les bénéficiaires du fonds commun préféreront peut-être un revenu fixe et forfaitaire à des perspectives de gains plus importants qui peuvent se transformer en pertes. Dans la cité-jardin de Bournville, près de Birmingham, le capital doit, en vertu des statuts de la fondation, rapporter un intérêt de 4 0/0 qui

---

(1) *Revue Nationale,* p. 228; l'Emancipation des classes laborieuses, sous la signature d'Albert Gazel.
Même revue, p. 322.
Européen, n° 3 du 17 décembre 1831, § 2.
Feugueray, p. 8.

n'est pas distribué mais qui est employé à bâtir de nouvelles maisons.

Cette manière de procéder, si elle a ses avantages certains, présente cependant des inconvénients surtout pour les sociétés commerciales. Comment la quotité de l'intérêt sera-t-elle fixée et pour combien de temps? Supposons-la convenablement établie et d'une manière correspondant au taux couramment pratiqué à l'époque envisagée? Il est bien probable que, les conditions économiques se transformant, amèneront une modification au taux courant de l'intérêt. Généralement, les contrats sont conclus pour des périodes relativement restreintes; chaque renouvellement est adapté aux conditions économiques nouvelles. Mais, dans l'espèce qui nous occupe, le taux sera-t-il fixé pour la durée, que nous supposons longue, de la société? Alors il risque d'être ou trop fort ou trop faible. Trop fort, il constituera une entrave au développement normal de la personne morale grevée d'une dette dont ses rivales ne supportent pas l'équivalent. Trop faible, il ralentira le développement du fonds de capitalisation. Dira-t-on que les membres de la société auront le pouvoir de modifier le taux de l'intérêt primitivement fixé et de l'adapter aux conditions nouvelles? Ce serait abandonner à la volonté des sociétaires la formation du fonds commun.

Pour éviter ces difficultés, il serait nécessaire de confier un certain pouvoir de tutelle sur la personne morale à une autorité indépendante et impartiale. Celle-ci devrait pouvoir apporter les modifications indispensables aux règles statutaires en tenant compte des circonstances économiques du moment. Si, malgré toutes les garanties prises pour assurer son impartialité, on craint l'arbitraire ou simplement les maladresses du tuteur, il vaut mieux proportionner l'intérêt à celui d'une valeur importante choisie comme type, par exemple le revenu moyen de la rente française 3 0/0 pendant l'année écoulée et sur le marché officiel de Paris.

Jusqu'ici, nous avons toujours supposé que la société dont dépendait le fonds commun réalisait des bénéfices. Il serait tout à fait inutile de constituer des réserves si, par ailleurs, les dettes de la collectivité allaient en grandissant jusqu'à un point tel que les sommes dues seraient égales ou supérieures à celles qui ont été amassées. La capitalisation ne serait qu'apparente. C'est pourtant ce procédé qu'employa parfois l'Etat français quand il institua des caisses d'amortissement de la dette publique : le Gouvernement empruntait souvent dans des proportions plus considérables que les achats effectués par la caisse. Parfois même, il empruntait pour permettre à cet établissement de continuer sa politique d'amortissement! Un tel exemple n'est pas à imiter; il ne pourrait guère être suivi, du reste, par une société privée. Mais il peut arriver que, par suite de mauvaises affaires, la société se trouve dans une situation financière difficile. Que deviennent alors les réserves en cas de perte et même de faillite ou de déconfiture?

Si le fonds de capitalisation fait partie du patrimoine de la société, il constitue en principe, comme tous les autres biens et valeurs qui composent le capital social, le gage des créanciers. Par conséquent, il doit supporter les prélèvements qui sont nécessaires à l'amortissement du passif. C'est ce qui se produisit lors de l'effondrement du Comptoir d'Escompte; les épargnes accumulées pour constituer des retraites aux employés furent englouties dans la débâcle. On pourra bien déclarer dans les statuts que les pertes seront tout d'abord compensées par les autres éléments du patrimoine. On pourra aussi organiser un fonds de réserve spécial destiné à supporter les pertes avant tout prélèvement sur le fonds commun (1); ou bien décider que ce dernier ne participera aux pertes que pour la part qu'il prend dans les bénéfices (2); ou encore que les prélèvements opérés sur ce fonds ne pourront en excéder la moitié pour un seul exercice (3). N'empêche que si toutes ces caisses intermédiaires sont en déficit, force sera bien de s'adresser au fonds de capitalisation pour désintéresser les créanciers. Si l'on veut éviter cette fâcheuse éventualité, il faut, lorsque les bénéficiaires de la capitalisation ne sont pas responsables de la marche de la société,

---

(1) *Revue Nationale*, 1847-1848, p. 322.
(2) Feugueray, p. 252.
(3) Décret du 22 janvier 1868 sur les sociétés d'assurances mutuelles, art. 32.

constituer une caisse spéciale et autonome ne participant en aucune manière aux aléas de l'entreprise : en somme faire du fonds commun une personne morale distincte de la société et dont la gestion pourrait être confiée à des intermédiaires.

La gestion des fonds réservés par des organismes spéciaux, banques ou comités, présenterait de réels avantages. Les capitaux pourraient être placés dans des entreprises différentes; on obtiendrait ainsi le maximum de garantie par une sage division des risques. En outre il est parfois difficile à un personnel employé dans une entreprise de faire valoir ses droits vis-à-vis de son employeur; quelquefois aussi, pour ne pas dire souvent, les employés manquent de compétence. L'intervention de tiers devient alors utile et se fait d'autant plus heureusement sentir que leur savoir est moins discuté.

Quelles que soient les précautions prises, la capitalisation ne peut être assurée que lorsqu'il existe une autorité assez puissante et assez impartiale pour faire respecter la constitution de la personne morale envisagée. Ce pouvoir est exercé par les supérieurs hiérarchiques lorsque l'épargne est pratiquée par une administration; il est confié aux tribunaux quand il s'agit d'une société privée. Quel qu'il soit, d'ailleurs, il importe au plus haut point que le pouvoir chargé de « dire le droit » et de permettre son exécution soit aussi juste et aussi désintéressé que possible et qu'il ne puisse jamais trouver un avantage quelconque à entraver le développement de l'organisme qu'il est chargé de surveiller.

C'est précisément cette absence d'autorité supérieure qui a été une des causes de l'échec des caisses organisées, à diverses époques, en vue d'amortir la dette de l'Etat. Celles-ci, malgré la plus ou moins grande autonomie qui leur fut donnée, étaient gérées par des fonctionnaires n'ayant aucun droit sur les richesses qu'ils administraient. Quand le Gouvernement n'effectuait pas les paiements (dotations, paiement des arrérages) dont il était redevable vis-à-vis de ces établissements, il n'existait pas d'autorité capable de le contraindre à s'exécuter.

En réalité, pour que la capitalisation produise un effet utile, il faut non seulement que la personne morale ne contracte pas de dettes dans une mesure telle que les bénéfices de la capitalisation se trouvent absorbés à l'avance, mais encore que les bénéficiaires de l'épargne n'aient pas le pouvoir d'arrêter la capitalisation, ou qu'ils n'aient aucun intérêt, surtout un intérêt immédiat, à en entraver le développement.

CHAPITRE IV

LES LIMITES DE LA CAPITALISATION

« Il y a un moyen de juger sûrement de la valeur d'un système, a dit Buchez, c'est de le pousser à sa dernière conséquence. Si le résultat est absurde, soyez certain que le système est mauvais » (1). On peut ajouter que si les résultats sont invraisemblables, c'est que le principe est inapplicable tout au moins tel qu'il a été présenté. Cette vérité est particulièrement évidente dans les calculs qui prennent pour base la capitalisation. Le docteur Price, inventeur d'un système d'amortissement de la dette publique, prétendait qu'un penny, placé à intérêts composés en l'an I de l'ère chrétienne, aurait produit en 1772 une valeur plus considérable que 500 millions de globes terrestres en or massif (2). Ce résultat, purement mathématique, paraît tout de suite irréalisable par le fait même de son exagération matérielle. La capitalisation comme toutes choses a, en fait, des limites. Celles-ci sont le résultat soit du libre jeu des phénomènes économiques, soit de l'intervention des pouvoirs publics, soit de la volonté des épargnants.

____

(1) _Européen_, n° 3, 17 décembre 1831.
(2) D'après Jèze, Cours élémentaire de science des finances, 1892, p. 565.

‫⁂‬

Il importe de se pénétrer de cette vérité que la science économique a uniquement pour objet les richesses qui sont en quantité limitée. Sans doute la nature en contient-elle d'autres, l'air par exemple, dont la quantité est supérieure aux besoins de l'homme; mais les économistes les laissent de côté. Tant que les richesses existent à la portée de tous et dans la mesure des désirs de chacun, elles sont hors du commerce et du domaine économique.

Les biens qui servent à la capitalisation sont en quantité limitée : telles les rentes sur l'Etat ou sur les particuliers, les actions et obligations et d'une manière générale toutes les valeurs mobilières et immobilières. Si nous envisageons les transactions qui s'effectuent, à un moment donné et sur un certain marché, nous constatons que les prix auxquels ces transactions donnent lieu sont déterminées par la loi de l'offre et de la demande. Si les demandes d'achat d'une certaine valeur sont supérieures aux offres de vente, la situation ne sera pas la même que dans l'hypothèse inverse. Or on doit supposer qu'une personne morale qui pratiquera la capitalisation sera plus acheteuse que vendeuse. Quelle que soit la nature des opérations auxquelles elle se livre avec les biens qu'elle possède, il est nécessaire pour qu'il y ait capitalisation qu'en fin d'exercice un certain bénéfice soit réalisé et qu'une partie, au moins, en soit employée à l'acquisition de nouvelles valeurs. Au début, quand le patrimoine d'une société est peu important, les achats qu'elle effectue n'influent que peu sur le marché en raison de leur faible volume. Mais si nous supposons l'existence d'une société importante ou plutôt d'un ensemble de sociétés, leur influence sur la tenue des cours deviendra appréciable. Bien plus, si nous supposons encore que les achats de ces sociétés portent principalement sur une même catégorie de valeurs, les conséquences de cet état de choses méritent d'être examinées. Et

cette hypothèse n'est pas invraisemblable. Le choix de beaucoup de sociétés d'épargne va, de préférence, aux valeurs de
tout repos, à celles qu'on est convenu d'appeler « valeurs de
père de famille » : rentes sur l'Etat, obligations du Crédit
Foncier, des grandes compagnies de chemins de fer, de la
Ville de Paris, etc. Si de nouvelles sociétés d'épargne étaient
créées et si, comme il est probable, leur choix se portait
également sur ces titres, le nombre de ceux-ci diminuerait
sur le marché à mesure que prospérerait la capitalisation et
les rentes ou les obligations recherchées ne manqueraient
pas d'augmenter de valeur; et comme leur revenu nominal
est à peu près constant, le taux d'intérêt auquel elles ressor-
tiraient à raison du prix d'achat irait sans cesse en dimi-
nuant. Cette diminution de l'intérêt provoquerait alors un
ralentissement plus ou moins marqué dans la capitalisation.
Les observations ci-dessus seraient, d'ailleurs, exactes même
si le revenu n'était pas constant. Il suffirait pour cela que la
progression du revenu ne fût pas proportionnelle à celle du
prix d'achat, celui-ci étant supposé grandir plus rapidement
que celui-là.

Naturellement, en présence de la hausse des cours, les
sociétés en quête de placements avantageux seraient attirées
par d'autres catégories de valeurs. Mais si l'influence des
sociétés d'épargne s'exerçait sur l'ensemble d'un marché et
même sur l'ensemble des marchés du monde, aucune valeur
de substitution n'existant plus, le pouvoir d'achat des sociétés
pourrait rester stationnaire malgré l'augmentation de leurs
disponibilités financières. Peu importe, en effet, que le fonds
de capitalisation dispose de dix fois plus de richesses en
1950 qu'en 1920 si les biens qu'il achète ont, eux aussi,
décuplé de prix sans augmentation corrélative de leurs
revenus.

Cette situation avait été fort justement exposée au Parlement lors de la discussion de la loi sur les retraites ouvrières.
D'après un des projets proposés et qui fut, d'ailleurs, adopté,
les primes versées par les ouvriers et par les patrons devaient
être utilisées à l'acquisition de valeurs offrant le maximum
de sécurité et les revenus devaient être capitalisés au profit
de l'intéressé jusqu'au moment où la pension de retraite lui

serait servie (1). Certains orateurs firent remarquer que cette accumulation de capitaux, particulièrement de rentes sur l'Etat, amènerait forcément un relèvement de la valeur des rentes et, par conséquent, une diminution de revenus au détriment des nouveaux acquéreurs. Ainsi, disait-on, non seulement la capitalisation fera hausser les cours et obligera à acheter plus cher ce qu'auparavant on pouvait se procurer à meilleur marché, mais, de plus, elle amènera un ralentissement dans l'accroissement des revenus de la caisse des retraites et, par conséquent, restreindra la part qui reviendra au retraité. Ce raisonnement, dans les circonstances où il fut exposé, nous paraît tout à fait juste. Il y a là un nouvel exemple de la théorie de Ricardo sur le rendement décroissant des rentes et une véritable limitation économique du pouvoir de la capitalisation.

Certains avaient aussi manifesté la crainte au Sénat que le développement économique du pays se trouvât retardé du fait que les caisses de capitalisation ne prêteraient pas volontiers leur argent aux industriels, en raison des aléas que comporte ce genre de placement (2). A la réflexion, cette crainte paraît peut fondée. Toute vente suppose deux parties : un acheteur et un vendeur. Or que ferait ce dernier de la somme qui lui a été payée par la Caisse des retraites en échange de la chose vendue? Ne serait-il pas contraint de se tourner vers les valeurs industrielles à défaut des placement plus sûrs que nous supposons réservés, en fait, aux personnes morales qui se contentent d'un faible revenu? Car s'il y a vente, c'est que le vendeur, poussé par son intérêt, cherche un placement plus rémunérateur à moins qu'il n'ait à satisfaire de pressants besoins d'argent. Dans le premier cas, un revenu supérieur sera, le plus souvent, trouvé dans le commerce et l'industrie. Cet avantage sera, du reste, compensé par le caractère aléatoire du placement. Nous supposons naturellement que la hausse des cours s'est étendue à toutes les

---

(1) A cette méthode, on opposait celle de la répartition qui, sans nécessiter aucun placement, se borne à répartir entre les ouvriers arrivés à l'âge de la retraite, tout ou partie des cotisations versées par les ouvriers en activité.

(2) Sénat, débats. *Officiel* 11 décembre 1909, p. 1.858.

valeurs de « père de famille » ; ce qui se produira le plus souvent, chacune de ces valeurs étant, dans une certaine mesure, solidaire de l'autre.

Ainsi à supposer, comme on le lui a reproché lors de la discussion au Parlement (1), que la capitalisation favorise pécuniairement, en faisant hausser leurs titres, les détenteurs des biens qui sont achetés par les personnes morales, la rançon des « capitalistes » vendeurs consistera dans l'obligation où ils se trouveront de remplacer leurs titres de premier choix par d'autres de catégorie inférieure au point de vue de la sécurité. D'ailleurs, il ne faut pas oublier que la personne morale est capitaliste, elle aussi, et qu'elle pourrait, à la rigueur, faire son profit de la hausse des titres qu'elle détient en se hasardant dans les mêmes spéculations que les particuliers si elle se sentait assez hardie pour cela.

Avec une capitalisation poussée à l'extrême, on peut se demander s'il n'arriverait pas un moment où personnes morales et particuliers, en quête de placements, trouveraient difficilement à utiliser leurs capitaux. Ce serait, mais à longue échéance, la situation que prévoyait Thiers qui, parlant d'une manière un peu trop hâtive d'un projet de retraites obligatoires, le déclarait extravagant parce qu'on ne pourrait pas placer les fonds qui s'accumuleraient dans les caisses publiques (2). Cette hypothèse, à supposer qu'elle se réalise jamais, serait bien lointaine. En attendant, l'Etat profitant de la hausse des cours de la rente provoquée par les nombreux achats, opèrerait des conversions avantageuses de la dette

---

(1) Par suite de la hausse des valeurs, « l'argent des retraites ouvrières, bien avant de profiter aux ouvriers, aurait pour effet de faire entrer encore plus d'argent dans la poche des capitalistes ».

(Sénat, *Officiel* du 11 décembre 1909, p. 1.061.) Paroles applaudies par la droite et par la gauche de l'Assemblée.

C'est oublier que cette hausse des valeurs à revenus fixes qui aurait, le plus souvent, pour effet une baisse générale du taux de l'intérêt, permettrait aux travailleurs de revendiquer une plus large part dans les bénéfices de la production.

(2) Cité au moment de la discussion de la loi sur les rétraites ouvrières. (Sénat, débats, *Officiel*, 15 décembre 1909, p. 1.083. — De même, *Officiel*, 17 décembre, p. 1.097.)

Thiers aurait même ajouté : « Ces milliards... c'est un nouveau communisme. »

publique. Encore une autre cause de diminution de revenus pour les rentiers, sociétés ou particuliers, et par conséquent de ralentissement dans la progression de la capitalisation. Mais que les partisans de l'épargne collective se rassurent! Les phénomènes de limitation que nous venons d'exposer ne se produiraient pas avant que les personnes morales aient atteint un développement tel que leurs revenus suffiraient largement à tous leurs besoins.

A la limitation *économique* qui vient d'être exposée et qui résulte de la hausse du prix d'achat des titres et du rendement décroissant du taux d'intérêt des capitaux nouvellement investis, on peut ajouter une limitation *sociale* qui a déjà été étudiée au chapitre 3. Celle-ci provient de la tendance combinée des consommateurs, des ouvriers et des capitalistes (particuliers) à restreindre la part des revenus qui revient au fonds commun.

Si les personnes morales administratives ou les associations dont le patrimoine se compose de valeurs à revenus fixes et sans aléas, ignorent ce genre de limitation, il n'en est pas de même de celles qui pratiquent elles-mêmes le commerce ou dont les biens sont placés dans des entreprises civiles ou commerciales. Celles-ci font appel au capital des particuliers ainsi qu'au travail des ouvriers et employés; elles sont en rapport avec les consommateurs pour la vente du produit de leur industrie. Or chacune de ces catégories de personnes a, tout naturellement, une tendance à s'attribuer la plus grosse part possible de bénéfices. Il est à prévoir que s'ils sont mêlés à toutes ces compétitions en tant que capitalistes, les représentants du fonds commun dont l'intérêt personnel n'est pas en cause, ne mettent pas la même âpreté que leurs antagonistes à défendre les droits de la personne morale qu'ils représentent. Cette attitude, qui sera plus ou moins marquée, présentera l'avantage de faire intervenir au milieu des conflits économiques et sociaux un élément modérateur. Le fonds commun représente surtout l'avenir; il n'a pas essentiellement pour objet un gain immédiat et, par conséquent, ses représentants peuvent, plus facilement que les particuliers, faire preuve de désintéressement. Mais cette attitude de modération ne va pas sans inconvénients pour ceux qui la pratiquent et contribue, d'une manière indirecte, à limiter leurs revenus.

*
* *

Depuis le chancelier d'Aguesseau (1), Turgot (2) et les Encyclopédistes, les biens de main-morte ont été jugés en France avec défaveur. On reproche aux personnes morales d'amasser des capitaux considérables et de les mettre hors du commerce pour n'en tirer qu'un médiocre profit. On ne perfectionne les procédés de rendement du capital que lorsque la recherche d'un revenu est le but immédiat et principal de celui qui possède. Lorsqu'une exploitation n'est considérée que comme un moyen en vue d'une fin désintéressée, elle reste plus facilement soumise à des systèmes de gestion routiniers et surannés. D'autre part, les patrimoines sociaux, par la persistance des traditions qui les régissent, ne subissent pas le sort des fortunes individuelles lesquelles ne restent jamais bien longtemps dans la même main et, par succession, par vente ou autrement, sont constamment remises en circulation. En cas de mauvaise gestion, le patrimoine des personnes morales ne passe pas à des mains plus expertes qui le font mieux fructifier.

Ces critiques sont, évidemment, justifiées; elles visent principalement les fondations, mais s'appliquent également à d'autres personnes morales. Sont-elles définitives? Remarquons tout d'abord que les collectivités qui font du commerce ou de l'industrie leur principale occupation doivent, en principe, y échapper. Mais, même pour les autres, il semble que les dangers économiques signalés peuvent être évités. Les critiques ont été surtout formulées à propos de la pos-

---

(1) Edit. de 1749.
(2) Voir au mot « Fondation », dans l'Encyclopédie, l'article célèbre de Turgot.

session de biens immobiliers. Par conséquent les biens de main-morte ne présentent aucun inconvénient, tout au moins *en ce qui concerne la production,* lorsque le patrimoine social se compose exclusivement de rentes, de créances, d'obligations et même d'actions pourvu que la personne morale ne possède pas la prépondérance au sein du conseil d'administration d'une société. Il ne peut y avoir que des avantages pour l'Etat, les départements, les communes, les compagnies de chemins de fer à ce que les titres émis par eux soient possédés par des patrimoines économes qui les conservent dans leur portefeuille sans faire aucune spéculation en Bourse. Loin d'être un danger économique, un semblable procédé de *classement* des valeurs est au contraire, tout à fait désirable. Quant aux biens immobiliers si on redoute leur mauvaise gestion par des collectivités, on doit observer qu'il est toujours possible de faire exploiter les biens collectifs d'une manière individuelle, sous forme de fermage ou de location. Quoi qu'en ait dit l'école marxiste, il n'a pas été prouvé qu'une analogie nécessaire existât entre le mode d'exploitation et le mode de propriété. On peut constater fréquemment qu'à une exploitation collective correspond une propriété individuelle et, réciproquement, qu'une propriété collective est exploitée par un individu. Et ces phénomènes ne paraissent pas isolés ni sur le point de disparaître.

En conséquence, ne sommes-nous pas fondés à déclarer que lorsque des précautions suffisantes ont été prises, les personnes morales ne sont pas un danger pour un pays ou pour un gouvernement? Il n'y a, au contraire, que des avantages à ce que des activités désintéressées se préoccupent de l'intérêt général et amassent des capitaux pour le plus grand bien de la nation. Il semble même que le danger, si danger il y a, existe surtout pour les collectivités. Celles-ci quand elles sont riches et prospères n'attirent-elles pas les convoitises du fisc, toujours avide d'impôts, et ne constituent-elles pas pour lui une proie de premier choix?

Les personnes morales ne doivent pas seulement, dans certains cas, être surveillées au point de vue du rendement inférieur de leur patrimoine, mais aussi en raison du mauvais emploi qu'elles peuvent faire de leurs revenus. Il s'agit alors non plus de la production mais de la *répartition des richesses.* Il ne nous appartient pas de définir ce qu'il faut entendre par bon ou par mauvais emploi des revenus. Disons seulement que les personnes morales peuvent se voir astreintes par la loi à limiter leur activité à une certaine fin pour laquelle elles sont censées être plus spécialement compétentes ou bien que leur fortune peut être proportionnée à leur succès, au nombre de leurs adhérents, etc... Un contrôle pourrait, d'ailleurs, être exercé sur elles à l'effet de supprimer ou de restreindre celles qui seraient reconnues sans utilité ou dont l'activité serait contraire à l'ordre public (1). On devrait, en tout cas, établir une distinction entre celles qui emploient directement leurs revenus à une œuvre déterminée et celles qui se bornent à améliorer la condition de leurs membres en répartissant entre eux les revenus du patrimoine social. Pour ces dernières la gestion des biens est peut-être collective, mais l'emploi des bénéfices est individuel et ne regarde pas la collectivité. Celle-ci ne doit donc pas plus être rendue responsable de leur emploi que si les sommes ainsi utilisées provenaient du patrimoine particulier des intéressés.

Quoi qu'il en soit, la pratique de la capitalisation devrait être permise et même encouragée dans les limites où le législateur reconnaît aux personnes morales le droit de se développer. Il serait possible de s'inspirer de certaines dispositions de la loi qui proportionnent les réserves à l'apport des sociétaires. D'après la loi du 24 juillet 1867 sur les sociétés anonymes, la capitalisation devient facultative lorsque le fonds de réserve a atteint le 1/10ᵉ du capital social. Dans les sociétés anonymes d'assurances, il en est de même lorsque la réserve égale le cinquième du capital. Ces exemples pourraient être généralisés et l'accroissement du fonds commun pourrait être proportionné au montant des versements effectués par les sociétaires ou à tout autre indice qui serait jugé favorable, étant entendu qu'il s'agit là d'une limite à poser par le législateur et non d'une obligation générale de capitaliser qui, imposée à toutes les sociétés, risquerait de

---

(1) Voir Bulletin de la Société d'études législatives, année 1908.

nuire à trop d'entre elles. Sur la question de l'obligation, il paraît préférable de laisser toute initiative aux rédacteurs des statuts et aux assemblées générales.

*
**

Un troisième mode de limitation résulte de la volonté même des fondateurs de l'œuvre et est exprimé dans les statuts. Les créateurs ou les administrateurs d'une société agiront sagement en n'exagérant pas les réserves de capitaux. D'abord si la limite fixée comme terme de la capitalisation n'est pas trop éloignée, elle incitera les sociétaires à la patience et leur permettra d'attendre, plus facilement, le moment où la totalité des revenus sera utilisée conformément à la destination de la société. Ensuite, celle-ci n'étant pas trop riche attirera moins les regards des envieux. Une modeste aisance est préférable à une existence dorée. Elle mettra la personne morale à l'abri des spoliations dont furent victimes les Templiers sous Philippe-le-Bel, le clergé sous la Révolution et les congrégations tout récemment. Ce danger est toujours présent pour les collectivités qui ont amassé une importante fortune et elles ne doivent pas le perdre de vue. Au moment de la discussion du projet de loi sur « les Prévoyants de l'Avenir », un orateur distingué, M. Aimond, ne déclarait-il pas que l'on parlerait dans quelque temps du milliard des Prévoyants comme on avait parlé du milliard des congrégations?

Le principe de la limitation volontaire étant posé, différentes bases sont susceptibles d'être utilisées, les mêmes d'ailleurs que celles qui pourront faire l'objet d'une intervention législative. Au delà d'un certain chiffre ou d'une certaine proportion, la capitalisation est arrêtée, ou bien cet événement ne se produit qu'au bout d'un temps donné, ou encore lorsque le revenu à distribuer dépasse un certain chiffre; on peut également tenir compte du nombre des sociétaires.

Il y a des cas, du reste, où par la nature même du but

que se sont proposés les fondateurs, le fonds de réserve a essentiellement pour objet de se constituer pour être aliéné ou divisé dès qu'il a acquis une certaine importance; par exemple les sociétés d'épargne et de capitalisation qui répartissent une fraction du capital social entre les ayants droit à l'expiration de certains délais, ou encore l'imprimerie Van Marken à Delft, en Hollande. Cette dernière transmet successivement la propriété du patrimoine social à tous les employés et ouvriers qui travaillent régulièrement dans la maison. Après le prélèvement des sommes nécessaires à l'amortissement du matériel et au paiement d'un intérêt fixe aux actionnaires, une somme de 50 0/0 est attribuée aux associés (directeurs, employés, ouvriers) au prorata de leurs salaires. Cette part n'est pas remise directement aux ayants droit mais est versée à la caisse d'épargne des bénéfices. Chaque fois qu'un dépôt a atteint la somme de 100 florins, montant de la valeur nominale des titres, une action est attribuée à un employé. On voit que, de cette manière, la destruction du fonds commun est méthodiquement assurée. Par la suite le titre ne revient pas à la société en cas de départ de l'ouvrier. Celui-ci reste propriétaire; il peut le vendre, le donner, le laisser en héritage, etc. Avec ce système, il y aurait nécessairement, au bout d'un certain temps, dissociation du capital et du travail si le fonds commun n'intervenait à nouveau en faveur des employés en activité. Lorsque la somme de 100 florins a été amassée par la caisse d'épargne, celle-ci rachète une action, au prix de sa valeur nominale, au retraité le plus ancien pour l'accorder à l'employé en activité dont les économies ont justement atteint le chiffre de 100 florins (1). De cette manière, les derniers bénéfices sont toujours employés à exproprier, au profit des ouvriers en service, les actionnaires en retraite ou leurs héritiers.

La même méthode pourrait, évidemment, être employée lorsque les titres représentant le capital social peuvent être

---

(1) On remarquera que, à la différence de ce qui se passerait s'il était possédé en pleine propriété, le titre est grevé d'une charge : la possibilité d'être racheté non pour un prix à débattre mais pour la somme de 100 florins.

achetés, en bourse ou autrement, par des sociétés particulières, entièrement indépendantes de l'entreprise où travailleraient les ouvriers, et destinées à améliorer le sort des classes laborieuses.

*
**

L'importance du fonds de réserve peut, avons-nous dit, être proportionnée à certains indices tels que le capital social, le montant des versements annuels effectués par les sociétaires, le nombre des adhérents, etc... Or il est inévitable que ces indices soient sujets à des fluctuations. Le nombre des sociétaires sera toujours plus ou moins variable du fait des admissions et des départs qui se produiront; le rendement des cotisations, lui, aussi, marquera des hauts et des bas, etc. Tant que la réserve est inférieure à la limite qui lui a été assignée, aucune difficulté ne se présente. La capitalisation que nous avons comparée à une machine, poursuit normalement sa marche. Mais les difficultés commencent lorsque la progression d'épargne doit être arrêtée parce qu'elle a atteint son point limite et qu'on veut lui ménager, pour l'avenir, une possibilité de reprendre son mouvement ascensionnel.

Plusieurs hypothèses sont à envisager. Supposons, tout d'abord, que lorsque la capitalisation a été interrompue, le fonds de réserve ait été confondu avec le patrimoine social. Les revenus ou dividendes des sociétaires s'en seraient, naturellement, trouvés grossis. Mais une reprise de l'épargne ne pourrait se produire que si les intéressés abandonnaient tout ou partie de leurs nouveaux revenus pour reformer un fonds de capitalisation. Or, une telle tentative n'aurait-elle pas bien des chances d'être vouée à un échec? On s'habitue facilement à un accroissement des revenus mais on y renonce avec difficulté, même quand il s'agit d'assurer l'avenir.

Cet effort sur soi-même, cette restriction momentanée des besoins ne pourrait être évité que si, au moment de l'arrêt de la capitalisation, les revenus disponibles étaient utilisés d'une manière *non productive de revenus et sans aucun avantage pour les sociétaires :* par exemple, à la distribution d'aumônes, à des encouragements pécuniaires en faveur d'œuvres sociales ou bien à l'achat de métaux précieux. Si le fonds de capitalisation n'était pas géré par les sociétaires eux-mêmes mais par une banque ou par un organisme spécial, les revenus superflus pourraient être, temporairement, abandonnés au gestionnaire qui se trouverait ainsi intéressé au bon rendement des fonds qui lui seraient confiés. Lorsque le besoin de reprendre la capitalisation se ferait sentir, les revenus disponibles serviraient à l'acquisition de valeurs productives de revenus. Pour les métaux précieux, il serait facile d'en aliéner la quotité jugée nécessaire et de faire du produit de la vente un emploi rémunérateur. Les nouveaux revenus viendraient en totalité grossir la réserve. Dans tous les cas, il y aurait reconstitution du fonds de capitalisation sans qu'il soit besoin d'opérer aucun prélèvement sur les revenus attribués aux sociétaires.

Par ailleurs, la constitution d'un « trésor » métallique n'offrirait, au point de vue économique, pas grand inconvénient. L'or et l'argent ne se détruisent guère par le non-usage et le fait de les mettre de côté sans en tirer aucun profit n'aboutit pas, pour la collectivité, à une diminution de ses richesses. Comme l'a fait remarquer M. Ch. Gide, l'avare ne fait de tort qu'à lui-même s'il enfouit son or et son argent dans quelque coin de jardin (1).

Si, par hypothèse, la capitalisation n'avait pas été arrêtée mais simplement diminuée au moment où les réserves auraient été jugées suffisantes, le procédé à adopter pour accroître le patrimoine social en accélérant la capitalisation serait alors tout indiqué. Supposons une capitalisation de 60 0/0 abaissée à 10 0/0 pour éviter un accroissement exagéré. Dans le cas où l'on voudrait reprendre la capitalisation sur une plus grande envergure, le prélèvement du 1/10ᵉ pourrait servir de noyau pour la formation d'une réserve importante sans que les sociétaires soient astreints à abandonner une part supplémentaire de leurs revenus autre

(1) Principes d'Economie politique, 17ᵉ édition, p. 662-3.

que celle à laquelle ils sont accoutumés. Le dernier dixième perçu auquel viendraient s'ajouter ceux des années subséquentes, servirait à constituer un nouveau fonds dont les revenus seraient, par exemple, capitalisés en totalité et non plus seulement pour leur dixième partie (1). L'inconvénient de cette manière de faire réside en ce que le mouvement de capitalisation lorsqu'il est repris dans son intégralité ne se manifeste, dans les débuts, que sous un rythme très lent. On en revient à la phase de la création de la société. Si donc celle-ci veut s'étendre le plus rapidement possible et profiter de toutes les causes d'accroissement qui lui sont offertes, le mieux sera pour elle de placer la partie de sa fortune qui sera disponible, en valeurs métalliques ou autres, non productives d'intérêts, ou bien de faire des libéralités. En aucun cas, elle n'assurera à ses membres la totalité des bénéfices résultant de l'arrêt de la capitalisation.

Remarquons, du reste, que le fait pour les sociétaires de ne pas utiliser à leur profit les revenus du fonds de réserve est bien dans la logique de l'association et plus en harmonie avec l'esprit des fondateurs que la méthode inverse qui, augmentant brusquement la part de chacun, tue dans le germe toutes les possibilités de développement ultérieur. En

---

(1) Soit un capital de 100.000 francs placé au taux de 5 0/0, c'est-à-dire produisant un revenu annuel de 5.000 francs, dont le 10e est 500 francs.

Si l'on capitalise annuellement le 10e de l'ensemble des revenus, on obtient, suivant la formule : $An = A \left(1 + \dfrac{t}{10} \right) n$, un capital de :

A la fin de la 1re année : 100.500 francs;
A la fin de la 2e année : 101.002 fr. 50;
A la fin de la 3e année : 101.507 fr. 51;
A la fin de la 4e année : 102.015 fr. 05.

Par contre, si on capitalise annuellement la totalité des revenus des 500 francs, on obtient, suivant la formule

$$An = A + \frac{a}{t} \left[(1 + t)^{n} - 1 \right]$$

a représentant les 500 francs eux-mêmes capitalisés annuellement :

A la fin de la 1re année : 100.500 francs;
A la fin de la 2e année : 101.025 francs;
A la fin de la 3e année : 101.576 fr. 25;
A la fin de la 4e année : 102.155 fr. 06.

outre, la distribution de libéralités confère à la société un certain pouvoir social en lui permettant de subventionner des œuvres charitables ou de favoriser la création d'autres œuvres semblables à la sienne (1). Ce caractère altruiste de l'emploi des fonds est tout à fait en concordance avec les principes qui ont guidé les créateurs de l'association, principes tout de désintéressement puisque les générations suivantes doivent surtout profiter de l'épargne et de la prévoyance de leurs prédécesseurs.

---

(1) Les revenus disponibles pourraient être utilisés à encourager la création de sociétés pratiquant le fonds commun et la capitalisation. Buchez avait prévu une banque spéciale pour encourager les associations ouvrières. (*Européen*, 17 décembre 1831.)

CHAPITRE V

DU NOMBRE DES BÉNÉFICIAIRES

La quantité de revenus dont dispose une personne morale étant toujours limitée, la question du nombre des bénéficiaires offre une grande importance puisque chacun d'eux représente un partageant et, par conséquent, restreint la part qui est dévolue aux autres.

Aussi, de tous temps, les sociétés politiques ou privées possédant un patrimoine ont-elles pris des mesures pour limiter le nombre des ayants droit. Déjà à Corinthe, à propos du partage des terres, le législateur Pheidon, désireux de maintenir l'égalité des lots, cherchait à rendre invariable le nombre des citoyens (1). De même, actuellement, dans certaines localités de France ou de l'Etranger, un usager du patrimoine communal est fréquemment astreint à obtenir le consentement des autres habitants pour vendre ses droits à un étranger. D'ailleurs, les voisins possèdent souvent un droit de préemption. En Suisse, le droit de bourgeoisie ne s'acquiert pas seulement par la résidence; il faut, en outre, l'acheter en obtenant l'assentiment du corps des bour-

____

(1) De Laveleye : De la propriété et de ses formes primitives, p. 388.

geois (1). Quelquefois, les plus jeunes candidats doivent attendre qu'une place soit rendue vacante par la mort d'un vieux bourgeois (2). Dans certains cas, le droit d'usage se transmet par héritage à condition d'être complété par la résidence. Certaines sociétés privées agissent de même. Entre autres, la « Colonisation française », société civile de retraites qui établit des Français dans nos colonies, reconnaît aux héritiers des colons, en ligne directe, le droit de succéder à leurs parents.

Quand les avantages conférés aux habitants d'un village sont importants, ceux-ci font preuve d'une opiniâtreté rare pour repousser les intrus. A la Chaux-des-Prés, dans le Jura, raconte Benoît-Lévy, un bureau de tabac ayant été attribué à un habitant du dehors, celui-ci ne put jamais être installé sur le territoire de la commune, faute de trouver à se loger (3).

Dans les sociétés ouvrières de production où, généralement, les sociétaires ont chacun un droit égal aux bénéfices, le caractère fermé de l'association a été souvent affirmé. Au besoin, si la main-d'œuvre fait défaut, on embauche de nouveaux ouvriers mais en tant que salariés et sans que les nouveaux venus aient droit aux bénéfices. De telle sorte que les fondateurs deviennent de petits ou même de grands patrons dont les profits sont d'autant plus considérables qu'ils sont moins nombreux pour se les partager. C'est l'écueil contre lequel ont échoué un grand nombre de coopératives de production, comme la Société des Lunetiers de Paris. C'est celui qu'ont cherché à éviter les promoteurs de l'action coopérative. « L'association, écrivait Pierre Buchez, ne pourrait faire travailler pour son compte des ouvriers étrangers pendant plus d'une année; au bout de ce temps, elle

---

(1) Sur tous ces points, voir Laveleye, où les exemples abondent. Pour la France, voir spécialement : Passez, Les Portions ménagères et communales en France et à l'étranger; Le Gentil, Traité historique, théorique et pratique de la législation des portions communales ou ménagères.

(2) Laveleye, p. 170.

(3) Art et Coopération dans les cités-jardins, p. 161 (cité d'après Ardouin-Dumazet).

serait contrainte d'admettre dans son sein le nombre de travailleurs nouveaux rendus nécessaires par l'accroissement de ses opérations (1). » Naturellement, les nouveaux venus jouiraient des mêmes droits que les anciens.

Remarquons, d'ailleurs, que les principes posés par Buchez admettaient, eux aussi, quelque restriction au nombre des ayants droit. La société devait admettre dans son sein le nombre de travailleurs nouveaux *rendus nécessaires par l'accroissement* des opérations. Cette condition constituait un véritable frein contre un accroissement trop rapide des adhérents, car toute société restait libre de limiter le champ de ses opérations et d'en proportionner l'accroissement avec celui de ses propres moyens. Une telle restriction se comprend très bien. Elle est encore plus nécessaire dans une société qui, à la différence des sociétés ouvrières, a pour objet, non de faire travailler des hommes, mais de faire fructifier des capitaux. Supposons que quelques personnes mettent en commun leurs économies pour fonder une société de capitalisation et que celle-ci soit librement ouverte à tous les étrangers moyennant le versement d'une cotisation toujours identique et égale, si nous le voulons, à la contribution des fondateurs. Il est clair que, dans ces conditions, les premiers associés agiraient en véritables dupes. Dès qu'un avantage suffisamment sensible se manifesterait, les étrangers accourraient pour demander leur admission et les bénéfices constatés, partagés entre un nombre élevé de bénéficiaires, seraient réduits à l'extrême.

Le principe de libre admission est donc, en fait, inapplicable et on devra toujours y apporter quelque tempérament qui le supprimera ou, tout au moins, l'atténuera dans la mesure nécessaire. Feugueray a émis, en ce sens, des suggestions intéressantes. D'après lui, les nouveaux associés pouvaient, pendant les premières années qui suivaient leur admission et pour obvier à l'insuffisance du capital, être soumis à des retenues sur les bénéfices. Celles-ci étaient destinées à compenser les sacrifices antérieurs faits par l'association et dont les nouveaux venus profitaient au même titre

-----

(1) *Européen*, n° 3, 17 décembre 1831.

que leurs collègues (1). Cette manière de voir ne peut guère être défendue pour les motifs invoqués par son auteur. Si le patrimoine social est considérable, ce ne sont pas les quelques retenues opérées pendant une année seulement qui compenseront dans une mesure suffisante le désavantage pécuniaire résultant de l'admission de nouveaux membres. Ces retenues doivent être plutôt considérées comme une épreuve imposée au nouvel associé pour sonder sa valeur morale en lui faisant supporter une situation défavorable par rapport à celle de ses camarades et en lui montrant ainsi tout ce dont il est redevable à ses devanciers. Même en allongeant le délai du stage, le résultat cherché devra toujours être d'ordre moral et le journal *L'Atelier* avait trouvé une expression très juste quand il le comparait au noviciat religieux (2).

Une condition, toutefois, est requise pour que les règles posées à propos de l'admission de nouveaux membres ne deviennent pas la cause de véritables abus : c'est que le stage ne soit pas trop long, que les associés ne soient pas systématiquement renvoyés avant son expiration et que la société ne tire pas du nombre croissant de ses adhérents une augmentation considérable de revenus qui ne profiterait, tout au moins pendant un temps, qu'aux adhérents de la première heure. Nous ne reviendrons pas sur les dispositions à adopter contre les expulsions injustes que nous avons déjà exposées, quand il s'est agi de prendre des garanties contre les modifications abusives des statuts (3). Nous signalerons seulement que les expulsions sont peut-être plus à craindre dans le cas où il s'agit de diminuer le nombre des partageants que lorsqu'on veut supprimer leur vote. Par contre, nous examinerons un des abus auxquels peut donner lieu un stage prolongé et qui a été, récemment, mis en évidence au cours d'une enquête faite à propos de la société de retraites « Les Prévoyants de l'Avenir ».

Un groupe de personnes s'était formé qui avaient convenu de mettre en commun le montant de certaines cotisations.

---

(1) *L'Association*, p. 74.
(2) Cuvillier, p. 213.
(3) Voir chapitre III.

Les sommes ainsi recueillies étaient placées dans les conditions les plus avantageuses et les intérêts étaient capitalisés pendant 10 ans. A l'expiration de ce laps de temps, le revenu annuel du patrimoine social devait être partagé entre tous ceux qui compteraient 10 années de sociétariat. Or, depuis sa fondation, la société avait recruté de nouveaux adhérents et même en nombre considérable. Ces nouveaux membres, tout en ayant versé les mêmes cotisations que leurs devanciers, ne devaient participer à la répartition qu'au bout d'un délai de 10 années à compter de leur admission. Par suite de cette combinaison, les fondateurs devaient toucher, à la première répartition, les intérêts de leurs versements, plus ceux des nouveaux associés, lesquels n'auraient pas encore droit au partage puisqu'ils ne compteraient pas 10 ans de sociétariat. A la deuxième répartition, par contre, le nombre des partageants aurait déjà été plus considérable puisqu'il aurait compris outre les fondateurs, les adhérents de la deuxième année. La part de chacun aurait donc été réduite par rapport à la répartition précédente; de même pendant les années subséquentes. Le nombre croissant des adhérents aurait peut-être pu compenser cette diminution; mais, en fait, il n'en fut pas ainsi. Cela n'aurait pas empêché, du reste, qu'à chaque partage les anciens sociétaires eussent profité des épargnes des nouveaux.

Pour éviter ces inégalités, la loi du 3 février 1902 a décidé que le revenu distribué à chacun ne pourrait, en aucun cas, être supérieur à 1 fois 1/2 le montant de ses versements. Cette limite atteinte, les épargnes doivent être accumulées en vue de fournir des avantages équivalents aux futurs partageants. Cette loi régit toutes les sociétés fondées sur le modèle des Prévoyants.

Des abus du genre de celui qui vient d'être exposé ne peuvent qu'être combattus. Mais les limitations d'admission résultant soit d'un certain stage ou d'une certaine résidence, soit de la filiation et du droit des héritiers de continuer seuls leur auteur sont très raisonnables si elles confèrent, finalement, des droits égaux à tous les sociétaires. Elles constituent une des conditions nécessaires au développement des entreprises de capitalisation en assurant aux ayants droit un minimum de revenus.

*
* *

Quand le patrimoine social n'est jamais accru et que son revenu est à peu près constant, on comprend le désir des bénéficiaires de ne pas voir augmenter le nombre des partageants. Mais lorsque ce patrimoine grossit suffisamment du fait de la capitalisation, il est sans inconvénient que le nombre des ayants droit s'accroisse dans une certaine mesure. Pour peu que l'effectif des bénéficiaires anciens et nouveaux soit suffisamment restreint, il est relativement facile de provoquer une augmentation du capital telle que les revenus attribués à chacun aillent en grandissant malgré la présence de nouveaux partageants. L'accroissement du patrimoine est alors plus rapide que celle des sociétaires.

On voudra peut-être éviter un développement exagéré des épargnes tout en réservant aux nouveaux membres dont l'admission sera envisagée, la possibilité de profiter des mêmes avantages que ceux accordés aux anciens bénéficiaires. Dans ce cas, au lieu de pousser la capitalisation au maximum, on cherchera plutôt à l'ajuster au nombre croissant des ayants droit.

Pour les sociétés dont les effectifs varient d'année en année et, même, demeurent parfois stationnaires, le mouvement d'épargne subira nécessairement des temps d'arrêt puis de reprise suivant que les admissions nouvelles — sans compter les départs — seront plus ou moins considérables. Nous avons déjà envisagé de telles éventualités dans le chapitre précédent et nous en avons conclu que les seuls moyens d'arrêter puis de reprendre l'épargne sans imposer de sacrifices individuels aux sociétaires consistaient en ceci : constitution d'une réserve non productive d'intérêts — ou bien emploi d'une partie des revenus à des dépenses non profitables à la collectivité. Remarquons, cependant, qu'il y aurait un moyen de continuer l'épargne sans interruption et sans dépasser la limite fixée à l'accroissement du patrimoine social : ce serait, lorsque ce patrimoine devient trop considérable par rapport au nombre restreint des adhérents, d'admettre dans le sein de la société, à titre exceptionnel, un nombre de nouveaux membres qui rétablirait l'équilibre.

Dans tous les cas envisagés, nous avons supposé que le mouvement de capitalisation n'était pas synchrone par rapport à l'augmentation du nombre des ayants droit. Si une progression régulière était constatée dans l'accroissement des bénéficiaires, il serait théoriquement possible d'y proportionner la capitalisation, à condition que le taux des placements soit, lui aussi, constant. Supposons que le nombre des sociétaires double tous les 30 ans, et que le capital social soit constamment placé au taux de 5 0/0; il suffirait de capitaliser annuellement la moitié des revenus pour assurer un doublement du capital et des revenus coïncidant avec le doublement du nombre des bénéficiaires. Mais cette hypothèse ne se réalisera jamais. Ainsi que nous l'avons montré, le taux réel des placements est essentiellement variable. De plus, le nombre des sociétaires varie chaque année, dans des proportions qu'on ne peut définir, par suite des démissions, admissions, décès, exclusions.

La possibilité d'accroître le patrimoine social sans trop limiter le nombre des bénéficiaires permet la création de sociétés dont les membres se recrutent, héréditairement, parmi les descendants des sociétaires. Il y a là un moyen d'accorder à tous les membres d'un groupe de familles un minimum de revenus. Par l'intermédiaire d'une société de ce genre, un père assurerait à ses arrière-petits-enfants une certaine aisance. De plus, si tous les descendants avaient un droit égal à la jouissance ou au partage des revenus, les familles nombreuses seraient particulièrement avantagées. Chaque enfant qui viendrait au monde, ayant droit au partage, apporterait à ses parents un revenu supplémentaire.

Cette manière de faire se rapprocherait par ses conséquences du système préconisé par le colonel Toutée pour modifier les lois successorales au profit des familles nombreuses (1). Le colonel, renouvelant les lois caducaires de

____

(1) A ce sujet, voir l'article de M. Colin dans la *Grande Revue* de mars 1903.

l'Empire romain, voulait proportionner les partages successoraux aux charges de famille des ayants droit. Sa proposition donnait lieu à de fortes objections. Comme le partage aurait porté sur un capital et qu'une fois opéré il n'aurait plus été remis en question, il aurait finalement abouti à des injustices. Des changements peuvent se produire, postérieurement au partage, dans la composition de la famille des héritiers. Tel qui n'a pas d'enfant au moment de l'ouverture de la succession peut, par la suite, avoir une nombreuse filiation.

Il en est forcément ainsi quand il s'agit de partager un capital qu'on ne peut démembrer à tout moment. Au contraire, avec un patrimoine collectif, propriété d'une ou plutôt de plusieurs familles réunies à cet effet, les revenus seuls seraient partagés périodiquement et la part de chacun pourrait, au moment de chaque répartition, être proportionnée à ses charges de famille. Sans aller jusqu'à la création d'un patrimoine commun permanent, il serait encore possible aux ascendants d'assurer un revenu plus ou moins variable ou bien de constituer une dotation à leurs descendants. Un capital, placé par un aïeul prévoyant, serait accru chaque année et pendant un laps de temps suffisamment considérable, avant d'être partagé entre les ayants droit suivant les lois successorales ordinaires. Des établissements, comme la Caisse des dépôts et consignations, ou bien des sociétés dans le genre des sociétés d'épargne, pourraient être chargées de gérer ces fonds. Ils constitueraient le « support juridique » chargé de recueillir, de gérer et de faire fructifier les biens qui leur seraient confiés. Mais pour cela, il faudrait que la législation française admît, sans détours, la validité juridique des stipulations en faveur des personnes futures et permît d'allonger considérablement le délai pendant lequel les sociétés d'épargne peuvent amasser au profit de leurs adhérents.

CHAPITRE VI

____

QUELQUES CONSÉQUENCES

> L'émancipation n'a jamais été
> et ne sera jamais conquise qu'au
> prix du dévouement et du sa-
> crifice.
>
> (Feugueray : *L'Association,*
> p. 74 et suivantes.)

La capitalisation aboutissant à une augmentation, peut-être temporaire mais qui n'en est pas moins une augmentation, des patrimoines collectifs, l'étude complète de ses conséquences nous entraînerait à examiner toutes les questions que soulèvent la propriété collective et la main-morte. Notre conclusion dépasserait alors les limites que nous nous sommes assignées. Ne perdons pas de vue l'objet même de notre travail et bornons-nous à observer quelques-unes des conséquences les plus directes de la capitalisation.

**

Par l'épargne obligatoire, une personne morale quelconque trouvera les revenus qui sont nécessaires à son développement. Un philanthrope accomplira une libéralité dont les résultats seront hors de proportion avec le montant de sa générosité. Nous en avons vu quelques exemples à propos de dons ou legs faits à des communes ou à des hospices. Les mêmes avantages peuvent être conférés à d'autres personnes morales publiques ou privées. On objectera, peut-être, que, dans certains cas, le développement d'une collectivité exige un emploi aussi immédiat que possible du montant des libéralités qui lui sont faites. Il y a là, évidemment, une question d'espèces. Si la personne morale traverse une période critique pendant laquelle son existence même est en jeu ou si des perspectives d'avenir inespérées s'ouvrent à elles, il est bien évident que la capitalisation qui immobilise une partie des ressources, ne saurait être recommandée. Dans ce cas, il conviendrait de laisser à la libre disposition de la personne morale la totalité des fonds dont elle est susceptible de tirer parti. Mais il n'en sera pas toujours ainsi. Bien souvent l'œuvre disposera de ressources normales destinées à assurer son entretien. Les libéralités, constituant une recette extraordinaire, peuvent être soumises à des conditions d'emploi particulières en raison même de leur caractère exceptionnel. Ces conditions, du reste, pourraient consister en un emploi immédiat de la libéralité à l'amélioration matérielle de la personne morale — par exemple en un agrandissement de ses bâtiments — à charge pour elle de capitaliser annuellement certaines sommes, tirées de ses ressources ordinaires, et représentant le revenu qu'aurait produit la libéralité si elle avait été placée en valeurs productives d'intérêts.

Les actes individuels de générosité ne peuvent pas se manifester très fréquemment, car ils sont en contradiction avec le souci de l'intérêt personnel qui domine l'âme humaine. La capitalisation de revenus collectifs possède cet avantage d'obtenir le maximum de résultat avec le minimum de sacrifice.

On peut douter du succès de cette méthode quand celui des collectivités sur lesquelles elle repose est, lui-même problématique; telles les associations ouvrières de Buchez qui s'adressaient à une élite et nécessitaient, pour être généralisées, une modification de la mentalité des hommes. Il en est différemment lorsque la personne morale a déjà fait ses preuves et constitue une réalité économique.

En fait, l'épargne collective peut être employée par toutes les personnes morales. Elle n'est pas, de par sa nature, liée à telle ou telle forme de société. Evidemment, les fondations et les administrations publiques paraissent présenter un terrain très propice à son développement en raison de leur traditionalisme ou du contrôle étroit auquel elles sont assujetties. Cependant, les autres personnes morales sont susceptibles de tirer de l'épargne un grand profit. Nous connaissons les espérances que fondaient sur elle les associations ouvrières de 1848. Les mêmes espoirs sont offerts, avec plus de certitude, aux autres collectivités publiques ou privées à condition qu'elles soient habilitées par la législation existante à posséder un patrimoine et à pratiquer l'épargne. il n'est pas jusqu'à la famille qui ne puisse se constituer un patrimoine indivis, susceptible de croître avec le nombre des membres qui la composent et d'assurer à des descendants plus ou moins lointains des revenus ou une dotation appréciable (1). Ce dernier procédé n'est, assurément, pas nouveau. Déjà, à Florence, au temps des Médicis, on se servait de la rente publique pour constituer des dots en faveur des jeunes gens et on grossissait les sommes placées en capitalisant les intérêts (2). Mais il serait possible, par une réforme de la législation française, de généraliser cette pratique et d'en assurer le bénéfice à plusieurs générations. Un aïeul assurerait une dot à ses descendants sans s'imposer à lui-même de trop lourds sacrifices et les bénéficiaires de cette prévoyance ancestrale seraient mis en possession d'un capital ou d'un revenu dont l'importance varierait suivant la durée et le taux du placement.

____

(1) Voir chap. V *in fine*.
(2) G. Renard : Histoire du travail à Florence, tome II, p. 155.

*
**

Le monde économique est fondé sur la liberté commerciale et sur la concurrence. Lorsque celle-ci devient exagérée, il en résulte de graves abus soit pour des producteurs dont l'industrie, utile cependant au point de vue national, ne peut pas soutenir la concurrence avec l'étranger, soit pour des employés et ouvriers dont les salaires sont réduits à l'extrême afin de diminuer les frais généraux de l'entreprise... Or l'épargne collective peut constituer un puissant agent de transformation ou, plus exactement, d'atténuation des rivalités économiques dans les circonstances où leurs abus seraient le plus criants.

Il y a plusieurs manières de se soustraire à la concurrence. Dans l'une, on établit aux limites d'un territoire donné une barrière douanière qui met les habitants à l'abri de la lutte commerciale ou ne la laisse subsister que dans des conditions favorables; on prohibe l'importation de telle ou telle marchandise, ou bien on subordonne son entrée au paiement de droits qui augmentent d'autant les frais généraux des étrangers; on impose à tous les commerçants ou industriels d'un pays ou de plusieurs pays une réglementation du travail et des conditions d'exploitation uniformes. C'est la méthode protectionniste. D'après une autre manière, on laisse la concurrence se manifester librement dans un pays, tout au moins en apparence, mais on avantage certaines sociétés ou certains producteurs au moyen de libéralités. Ce sont des subventions accordées par le gouvernement ou par des chambres de commerce en vue d'encourager le développement d'une industrie particulièrement utile; c'est l'initiative généreuse d'un patron qui fait abandon de tous ses droits dans les bénéfices de l'entreprise. Celle-ci étant libérée de l'obligation de payer un dividende se trouve sérieusement avantagée vis-à-vis de ses concurrents. Telle fut la situation heureuse du Familistère de Guise fondé par Godin. Les œuvres sociales et les conditions du travail purent être sérieusement améliorées grâce à la philanthrapie et à la générosité du fondateur du phalanstère.

Mais un bienfait ne peut améliorer qu'un petit nombre d'entreprises; une minorité seule est avantagée. Si l'on veut étendre davantage les conséquences d'un geste généreux, il faut agir ainsi que le recommandait déjà Buchez et utiliser la capitalisation. Le fonds commun, destiné à améliorer le sort des ouvriers, devait être accru chaque année par un prélèvement sur les bénéfices, de telle manière que l'entreprise arrivât, par son extension, à englober tous les membres de la corporation. Mais, dira-t-on, le fonds commun de capitalisation grève l'entreprise qui le supporte de la même manière qu'un capital ordinaire et l'on ne voit pas le profit que peut en tirer la collectivité. C'est oublier que le fond commun, lorsqu'il opère des prélèvements, ne les effectue pas dans les mêmes proportions qu'un capital de même importance dans une entreprise ordinaire et d'après le taux courant des placements. Il y a donc une marge de revenus dont la collectivité, dotée d'un fonds commun, est susceptible de disposer ainsi que bon lui semble sans grever ses frais généraux. Elle peut, alors, soit entreprendre des œuvres sociales qui seraient interdites aux sociétés soumises à une concurrence sans frein, soit lutter avantageusement contre la concurrence étrangère et même, prendre l'offensive contre elle en consentant des réductions sur les prix de vente — ce serait alors une sorte de dumping économique. En lisant l'ouvrage de M. Victor Cambon sur « l'Allemagne au travail », on se demande si le succès et le développement de la fondation Zeiss, à Iéna, ne tiennent pas, pour partie tout au moins, à la mise en œuvre des méthodes qui viennent d'être exposées. D'après cet auteur, les statuts qui régissent la fondation issue de la libéralité du Docteur Abbe, seraient rédigés de manière telle qu'une partie des bénéfices servirait obligatoirement au développement de l'œuvre. Celle-ci devrait s'agrandir indéfiniment tant qu'elle réalisera des gains, améliorant sans cesse ses conditions de production en même temps que le sort de nombreux employés.

Ainsi donc, les entreprises bénéficiaires d'une libéralité sont dans une situation privilégiée et, dans une certaine mesure, à l'abri de la concurrence. Bien que la générosité ait des limites, la capitalisation, en développant et amplifiant les conséquences d'un geste désintéressé, permet aux sociétés et associations qui la pratiquent d'étendre leur influence. Si ces collectivités tendent à l'amélioration matérielle et au progrès moral de certains hommes, on ne peut que se réjouir de leur succès. Ainsi que l'affirmait Renouvier, n'est-ce pas par le développement des associations qu'il est possible de vaincre la solidarité écrasante du grand milieu qui nous entoure?

Le fonds commun n'agit pas seulement comme élément d'amélioration du milieu social; il peut également servir à récupérer les pertes subies par les collectivités au cours des luttes qu'elles soutiennent entre elles.

Contrairement à l'opinion de Louis Blanc, il est peu probable que les ouvriers d'une même profession puissent jamais, dans un même pays, se grouper en une association de production unique supprimant toute concurrence. De même pour les patrons et les grandes sociétés, bien que les trusts et les cartels aboutissent souvent à une puissante concentration. D'ailleurs, en supposant que l'union puisse se faire dans une profession, il n'en existerait pas moins d'autres associations commerciales correspondant à des branches différentes de l'activité économique. Prévoirait-on une union générale de toutes les associations d'un pays qu'il resterait encore la lutte commerciale avec les pays voisins. Mais il est inutile de s'élever si haut. Les sentiments d'égoïsme et de jalousie qui fermentent dans le cœur humain sont trop puissants pour permettre de très importantes coalitions ou, si elles se réalisent, pour ne pas provoquer de scissions. Une pluralité d'associations, administrées suivant des modalités différentes, n'est d'ailleurs pas sans avantages car, si la concurrence effrénée produit les plus grands maux, la concurrence « émulative », comme disaient les rédacteurs du jour-

nal *L'Atelier*, est la condition de la liberté et, par conséquent, de tout progrès (1).

En réalité, quelles que soient les formes d'une société
humaine, il n'en existera pas moins, en elle ou à côté d'elle,
une pluralité d'organismes économiques qui seront, l'un par
rapport à l'autre, dans une certaine indépendance. Cette
indépendance permettra aux uns d'augmenter leur patrimoine tandis que d'autres le laisseront demeurer stationnaire ou, même, diminuer par leur mauvaise gestion. Si l'on
veut établir un certain équilibre entre ces différents éléments ou leur faciliter la récupération des pertes subies, une
seule solution pacifique et libérale est possible : l'épargne
qui permet aux sociétés pauvres d'arrondir leur bien ou de
se libérer de leurs dettes.

A cette solution on objectera peut-être qu'il paraît paradoxal de s'en remettre aux pauvres, eux-mêmes, du soin
d'améliorer leur situation. Si l'épargne doit être pratiquée,
n'est-ce pas par ceux qui ont trop plutôt que par ceux qui
n'ont pas assez? Les premiers économisent sur le superflu,
les seconds sur le nécessaire... N'oublions pas ce que nous
avons dit précédemment au sujet des avantages de l'épargne
collective. L'impulsion une fois donnée, c'est-à-dire le noyau
du fonds commun constitué soit par les économies des sociétaires, soit par la générosité de quelque bienfaiteur, les réserves grossissent et s'accumulent sans aucun prélèvement sur
le patrimoine particulier des associés. Les sommes versées au
fond de capitalisation vont à la réserve commune au lieu
d'aller grossir des patrimoines étrangers plus riches et plus
prospères. Mais la situation particulière des sociétaires n'en
est, à aucun moment, aggravée.

Même dans une société parvenue à l'état stationnaire,
c'est-à-dire où les capitaux et les richesses auront atteint

---

(1) Dans le domaine intellectuel, Renan exprimait une idée analogue à propos de la Belgique et de la Suisse romande : « ...Grande
est l'utilité de ces petits pays français séparés politiquement de la
France, disait-il; ils offrent un asile aux émigrés de nos dissensions
intestines et, en temps de despotisme, ils servent de refuge à une
pensée libre. » (La réforme intellectuelle et morale, p. 135.)

leur maximum de développement, la pratique de l'épargne s'imposera encore en vue de l'amortissement du matériel.

En supposant qu'une collectivité ne veuille ou ne puisse plus s'agrandir, les meubles, maisons, installations diverses qui constituent sa propriété, sont destinés à se détériorer avec le temps. Les sociétés civiles ou commerciales prévoient cette usure de leur capital en inscrivant à l'un des postes de leur bilan une réserve destinée à compenser la valeur des dégradations. Il y a, alors, capitalisation dans un but déterminé de conservation et non plus d'extension. Cette politique de prévoyance ne peut que gagner à être pratiquée suivant certaines des règles envisagées précédemment. La valeur des amortissements ainsi que leur durée doit être réglée par des gens compétents et expérimentés et leurs décisions ne doivent pas être arbitrairement modifiées par une assemblée de sociétaires peu nombreux ou principalement désireux d'accroître le chiffre de leurs dividendes.

Ces méthodes d'amortissement pourraient aussi être pratiquées à l'égard de la dette publique. Nous avons indiqué, précédemment, les résultats peu fructueux qu'avaient obtenus les Caisses d'amortissement. Il serait préférable de s'en remettre aux contribuables eux-mêmes du soin de provoquer un allègement des impôts. L'Etat ne pourrait que gagner à favoriser la création d'associations de contribuables, *propriétaires* d'un fonds commun et pratiquant la capitalisation jusqu'au moment où les revenus du patrimoine seraient suffisants pour permettre le paiement de tout ou partie des impôts à leur charge. A ce moment, il y aurait pour les intéressés amortissement de fait de la dette publique. Ils seraient dans la même situation que les contribuables les moins fortunés de Romainville, dans la Seine, dont les impôts sont payés sur le produit d'une libéralité faite à la commune par un de ses anciens curés (1).

---

(1) Voir Husson, Histoire de Romainville (legs de l'abbé Houël).

La capitalisation peut contribuer à la formation d'une propriété collective ou à celle de propriétés individuelles suivant que le patrimoine social est sans cesse accru ou qu'il est partagé, à certaines époques. L'imprimerie Van Marken, à Delft, fournit d'utiles indications en vue de la formation de propriétés individuelles (1). Nous en avons vu d'autres exemples à propos des « sociétés d'épargne et de capitalisation ».

Si, au contraire, la société conserve la propriété de ses acquêts sans les partager, il y aura constitution d'une propriété collective plus ou moins étendue. Du reste, quel que soit le but cherché, la condition nécessaire au développement de l'épargne est l'existence d'un fonds commun qui sert de noyau pour la reconstitution des réserves après chaque partage et qui demeure à jamais indivisible.

Aux individualistes intransigeants qui verraient avec défiance cet embryon de propriété collective, qu'il nous soit permis de rappeler l'opinion exprimée par Stuart Mill dans une lettre à Emile de Laveleye : « Je ne crois pas, écrivait le célèbre économiste, que l'on puisse nier que les réformes à faire dans l'institution de la propriété consistent, surtout, à organiser quelque mode de propriété collective en concurrence avec la propriété individuelle (2). »

La concurrence, du reste, ne serait pas très sérieuse si, au bout d'un certain temps, ce « collectivisme » modéré aboutissait à une diffusion et à un renforcement de la propriété individuelle par un partage partiel du patrimoine social. L'épargne ne servirait alors qu'à modifier la répartition des richesses en améliorant la condition des associés.

En somme, l'épargne collective peut être revendiquée par

---

(1) Voir chapitre IV.
(2) De Laveleye : De la propriété et de ses formes primitives, p. XXII.

les différentes tendances sociales pour la réalisation de leurs diverses fins. Si l'on craint le développement exagéré de l'une d'entre elles, il est toujours possible de lui opposer une des limitations qui ont été exposées dans un chapitre précédent.

⁂

Il ne faut jamais s'exagérer la portée des réformes et des initiatives qu'on préconise. Celles-ci, pour être bonnes et désirables en soi, au gré de leur auteur, ne sont pas toujours appelées à une grande extension. Surtout, elles ne sont généralement pas le seul moyen d'atteindre le but cherché. Le monde économique et social est assez complexe pour nécessiter l'intervention de toutes les activités et sous des formes multiples. « Ce n'est pas par l'effet d'une seule institution, disait Feugueray en parlant des ouvriers, c'est par un ensemble, par une série, par une continuité d'améliorations et de créations dirigées dans le même esprit que peut s'opérer une transformation profonde et durable dans l'organisation du travail et dans la condition des travailleurs (1). »

Il en est ainsi de l'épargne collective. D'abord, les restrictions qu'elle impose sont de nature à éloigner d'elle une nombreuse clientèle. De plus, ses moyens sont limités et les résultats qu'elle obtient nécessitent toujours un long délai. Enfin, les améliorations sociales et autres qu'elle permet, peuvent être obtenues par d'autres facteurs. Supposons que l'on veuille encourager pécuniairement les familles nombreuses. Les moyens financiers nécessaires à la réalisation de cette fin peuvent, évidemment, provenir de la capitalisation des revenus d'une libéralité initiale. Mais ils peuvent aussi être constitués par les versements périodiques et réguliers d'un groupe d'associés. C'est la méthode des assurances qui utilise immédiatement le produit des cotisations ou primes au paiement des secours en vue desquels la société a été

---

(1) *L'Association*, p. 26.

créée. De plus, l'initiative privée ne sera pas seule à agir. Le législateur pourra, lui aussi, intervenir avec efficacité sous forme de primes d'assistance, d'exonération d'impôts, de bourses d'études ou par une réforme des lois successorales... Des exemples analogues et concernant d'autres réformes sociales seraient facilement multipliés. L'épargne collective n'est donc qu'un moyen entre divers et qui, la plupart du temps, devant être combiné avec d'autres, ne présentera qu'une valeur d'appoint. Mais ce moyen n'exige pas de versements périodiques de la part des intéressés, comme les assurances; il est essentiellement pacifique et respectueux des contrats; il ne fait pas appel au budget de l'Etat et n'aggrave pas le poids des impôts; il ne bouleverse pas, brutalement, les situations acquises, ce qui offre bien quelques avantages.

La grosse objection à présenter contre la capitalisation résulte des délais considérables qui lui sont nécessaires, de telle sorte que les initiateurs de cette méthode n'en voient jamais les résultats complets. Ils travaillent comme le vieillard dont parle La Fontaine : leurs successeurs recueillent le fruit de leur labeur et de leur prévoyance, comme les arrière-neveux du bonhomme de la fable profitèrent de l'arbre planté par leur grand-oncle. Mais n'en est-il pas toujours ainsi pour toutes les réformes profondes et durables qui mettent en cause l'avenir de l'homme? Pour subsister et améliorer sa condition, ne faut-il pas être patient? On n'admirera jamais assez ceux qui, par leur prévoyance, par la modération de leurs désirs et par leur abstinence ont contribué à grossir les richesses qui forment le capital économique de la société. Celui-ci a pu passer, par contrat ou par héritage, en des mains moins dignes et moins méritantes. N'empêche qu'à sa formation, ce capital est le résultat d'un effort de l'homme pour développer sa condition sociale. Cet effort est beaucoup moins marqué pour l'épargne collective que pour celle mise en œuvre par les individus isolés en ce sens qu'elle n'impose pas autant de restrictions. Mais elle nécessite un degré de prévoyance qui, s'il n'a pas la valeur morale de l'abstinence, n'en constitue pas moins un progrès certain par rapport à l'état de choses antérieur. De plus, le respect des traditions et du pacte social que requiert l'épargne collective présente l'avantage de relier entre eux, par un lien moral et matériel, les hommes qui font partie du même groupement et de leur montrer ce dont ils sont redevables à ceux qui les ont précédés. « Il y a, disait Feugueray, une certaine égalité d'obligation entre les associés. Si les uns ont la charge de fonder le capital social, les autres auront celle de l'accroître. Seulement, les premiers associés auront plus de mérite et droit à plus d'honneur parce qu'ils auront fait tête de colonne et qu'ils auront frayé la route du dévouement où leurs successeurs devront les suivre (1). »

Paris, juin 1922.

---

(1) *L'Association*, p. 245.

TABLE

LES PRESSES UNIVERSITAIRES, IMP. — PARIS.